D. 6921.
A.

21030

L'ART DE SE TAIRE,

PRINCIPALEMENT

EN MATIERE DE RELIGION;

Par M. l'Abbé DINOUART,

Chanoine de l'Eglise Collégiale de Saint-Benoît, & de l'Académie des Arcades de Rome.

Qui silere non novit, is neque loqui admodum scit. ARISTOT. apud Stobæum.

A PARIS,

Chez G. DESPREZ, Imprimeur du Roi & du Clergé de France, rue S. Jacques.

M. DCC. LXXI.

Avec Approbation & Privilege du Roi.

PRÉFACE.

LE Cardinal le Camus diſoit au P. Lamy de l'Oratoire, lorſqu'il lui offrit un de ſes Ouvrages, dont le titre eſt l'*Art de parler*: voilà, ſans doute, un excellent *Art*; mais qui nous donnera l'*Art de ſe taire*? Ce ſeroit rendre un ſervice eſſentiel aux hommes, que de leur en donner les principes, & de les faire convenir qu'il eſt de leur intérêt de ſavoir les mettre en pratique. Combien y en a-t-il qui ſe ſont perdus par la langue, ou par la plume ! Ignore-t-on que plusieurs doivent à un mot imprudent, à des Ecrits profanes, ou impies, leur expatriation, leur proscription, & que leur infortune n'a pu encore les corriger ?

La fureur de parler, d'écrire sur la Religion, sur le Gouvernement, est comme une maladie épidémique, dont un grand nombre de têtes sont frappées parmi nous. Les Ignorants, comme les Philosophes du jour, sont tombés dans une sorte de délire. Quel autre nom donner à ces Ouvrages dont nous sommes accablés, d'où la vérité & le raisonnement sont proscrits, & qui ne contiennent que des sarcasmes, des railleries, des

PRÉFACE.

contes plus ou moins scandaleux ? La licence est portée au point, qu'on ne peut passer pour bel esprit, pour Philosophe, qu'autant qu'on parle, ou qu'on écrit contre la Religion, les mœurs & le Gouvernement.

L'Ouvrage que je présente guérira-t-il ces cerveaux blessés ? Non, sans doute, puisqu'ils affectent un mépris souverain pour ceux qui honorent encore la vertu. En effet, la nouvelle Philosophie permet tout, excepté d'être Chrétien & Sujet. Du moins pourrai-je faire voir combien ils sont coupables, & empêcher plusieurs de ceux qui commenceroient à se laisser séduire par leur exemple, de tomber dans les mêmes égaremens. La Philosophie n'est plus aujourd'hui qu'un abus du mot. Il faut revenir au sentiment de Socrate & à celui de Séneque, lorsqu'en parlant des Grammairiens, des Géometres & des Physiciens, ils disoient : *Il faut voir si tous ces hommes nous enseignent la vertu ou non ; s'ils nous l'enseignent, ils sont Philosophes.* Qu'on juge par cette maxime des Auteurs qui méritent le nom de Philosophe, que tant d'Ecrivains, prétendus beaux esprits, s'attribuent seuls parmi nous.

De quelque sexe & de quelque condition que soient ceux qui liront cette instruction, chacun pourra prendre, à ce qui est dit en général, la part qui le touche. Ce n'est point à moi à faire cette application; & quand j'en aurois la liberté, je ne pourrois m'en servir, sans pécher peut-être contre les regles du silence que je propose aux autres.

Comme il y a deux voies pour s'expliquer, l'une par les paroles, & l'autre par les Ecrits & par les Livres, il y a aussi deux manieres de se taire; l'une en retenant sa langue, & l'autre en retenant sa plume. C'est ce qui me donne lieu de faire des remarques sur la maniere dont les Ecrivains doivent demeurer dans le silence, ou s'expliquer en public par leurs Livres, selon cet avis du Sage : *Il y a un*

PRÉFACE.

temps pour se taire & un temps pour parler.

Un Auteur du siecle précédent, & dont je n'ai pu découvrir le nom, a donné dans une Lettre très-courte, des regles pour parler : j'en ai adopté les principes, & j'ai développé ses idées. Je souhaite que le présent Ouvrage soit utile dans ce temps, où le silence est devenu indispensable, comme étant, pour beaucoup de personnes, un moyen sûr de conserver le respect pour la Religion, & de procurer à l'État des citoyens fideles, discrets & vertueux.

TABLE
DES CHAPITRES
ET PARAGRAPHES
Contenus dans ce Volume.

PRÉFACE, page iij

PREMIERE PARTIE.

INTRODUCTION, 1
CHAPITRE I. *Principes nécessaires pour se taire*, 5
CHAP. II. *Différentes especes de silence*, 8
CHAP. III. *Les causes des différentes especes de silence*, 13
CHAP. IV. *Application des principes précédents*, 16
CHAP. V. *Défauts des jeunes personnes dans leur maniere de parler de la Religion*, 19
CHAP. VI. *Remedes aux défauts des jeunes gens, dans leur ma-*

niere de parler de la Religion, page 28

CHAP. VII. *Défauts des personnes avancées en âge, dans la maniere dont elles parlent de la Religion*, 35

CHAP. VIII. *Remedes aux défauts des personnes avancées en âge, dans leur maniere de parler de la Religion*, 40

CHAP. IX. *Défauts des Grands dans leur maniere de parler de la Religion*, 42

CHAP. X. *Remedes aux défauts des Grands, dans leur maniere de parler de la Religion*, 49

CHAP. XI. *Défauts du Peuple dans la maniere dont il parle de la Religion*, 53

CHAP. XII. *Remedes aux défauts du Peuple, dans la maniere dont il parle de la Religion*, 60

CHAP. XIII. *Défauts des Savants dans la maniere dont ils parlent de la Religion. Défauts de ceux qui parlent & qui traitent de la*

Religion, par profession & par état, page 65
CHAP. XIV. Remèdes aux défauts des Savants, dans leur manière de parler de la Religion, 125
CHAP. XV. Défauts des ignorants dans leur manière de parler de la Religion, 132
CHAP. XVI. Remèdes aux défauts des ignorants, dans leur manière de parler de la Religion, 139

SECONDE PARTIE.

Conduite pour s'expliquer par les Ecrits & par les Livres, 143
CHAP. I. On écrit mal, 147
§. I. L'abus que l'on fait des talents pour attaquer la Religion, & pour corrompre les mœurs, 150
§. II. Artifices de nos Philosophes, qui écrivent contre la Religion; leurs contradictions; examen des divers motifs que le Chré-

tien & l'Incrédule produisent pour la défense de leur cause, page 180

CHAP. II. *On écrit trop*, 204
§. I. *On écrit des choses inutiles*, 205
§. II. *On écrit trop au long les meilleures choses*, 216
§. III. *On écrit sans respecter les bornes prescrites à l'esprit humain, sur toutes les matieres dont la connoissance nous est refusée dans l'ordre de la Providence*, 220
§. IV. *On écrit sur des sujets qu'on doit s'interdire, quand on n'en a pas la mission, quoiqu'on en ait les talents*, 228
CHAP. III. *On n'écrit point assez*, 237
CHAP. IV. *Principes nécessaires pour s'expliquer par les Ecrits & par les Livres*, 241
CHAP. V. *Dangers de la lecture des Ouvrages contre la Religion & les mœurs*, 262
ADDITION, 293

L'ART

L'ART DE SE TAIRE,

PRINCIPALEMENT

EN MATIERE DE RELIGION.

PREMIERE PARTIE.

INTRODUCTION.

Ous avons des Regles pour l'étude des Sciences & pour les exercices du corps. La République Littéraire est remplie d'*Art de penser*, d'*Art de l'Eloquence*, d'In-

A

troductions à la Géographie, à la Géométrie, &c. Pourquoi n'enseigneroit-on point l'*Art de se taire*; Art si important, & cependant si peu connu ? Essayons d'en expliquer les principes & la pratique. Je ne commencerai point cet Ouvrage par l'exposition des avantages qu'on en retire ; chacun les connoît assez : je me bornerai, dans cette Introduction, à quelques remarques nécessaires pour la suite de cet Ouvrage.

1°. On ne peut donner une connoissance exacte de certains objets, sans en expliquer en même-temps d'autres, avec qui ils ont des rapports essentiels : ainsi on ne peut parler des ténebres, sans connoissance de la lumiere ; ni du repos, sans rapport au mouvement, &c. En traitant du silence, je ferai donc souvent des réflexions sur la parole, afin d'expliquer l'un plus clairement, relativement à l'autre, ou plutôt de les expliquer tous

en matière de Religion.

deux ensemble, en distinguant cependant avec soin, ce qui regarde les regles du silence.

2°. Je suppose ici qu'il ne suffit pas, pour bien se taire, de fermer la bouche, & de ne point parler : il n'y auroit en cela nulle différence entre l'homme & les animaux ; ceux-ci sont naturellement muets : mais il faut savoir gouverner sa langue ; prendre les moments qui conviennent pour la retenir, ou pour lui donner une liberté modérée ; suivre les regles que la prudence prescrit en cette matiere ; distinguer, dans les événements de la vie, les occasions où le silence doit être inviolable ; avoir une fermeté inflexible, lorsqu'il s'agit d'observer, sans se démentir, tout ce qu'on a jugé convenable pour bien se taire : or tout cela suppose réflexions, lumieres & connoissance. C'est peut-être dans cette vue, que les anciens Sages ont dit, que, *Pour apprendre à parler, il* faut s'adresser aux hommes ; mais qu'il n'appartient qu'aux Dieux d'enseigner parfaitement comment on doit se taire.

3°. La connoissance dont je parle, est différente parmi les hommes mêmes, selon la diversité de leurs caracteres. C'est ici le point distinctif de la maniere de se taire, qui semble commune aux Savants & aux Ignorants ; je l'expliquerai dans la suite.

Le premier dégré de la sagesse, est de savoir se taire ; le second, de savoir parler peu, & de se modérer dans le discours ; le troisieme, est de savoir beaucoup parler, sans parler mal & sans trop parler.

Etablissons les principes sur lesquels porte le présent Ouvrage : ils seront pris des oracles du plus sage des hommes, des maximes des saints Peres & des Savants, qui ont eu la réputation d'être les hommes les plus éclairés de leur siecle.

CHAPITRE PREMIER.
Principes nécessaires pour se taire.

1°. ON ne doit cesser de se taire, que quand on a quelque chose à dire qui vaut mieux que le silence.

2°. Il y a un temps pour se taire, comme il y a un temps pour parler.

3°. Le temps de se taire, doit être le premier dans l'ordre; & on ne sait jamais bien parler, qu'on n'ait appris auparavant à se taire.

4°. Il n'y a pas moins de foiblesse, ou d'imprudence à se taire, quand on est obligé de parler, qu'il y a de légéreté & d'indiscrétion à parler, quand on doit se taire.

5°. Il est certain qu'à prendre les choses en général, on risque moins à se taire, qu'à parler.

6°. Jamais l'homme ne se possede plus que dans le silence : hors delà, il semble se répandre, pour ainsi dire, hors de lui-même, & se dissiper par le discours; de sorte qu'il est moins à soi, qu'aux autres.

7°. Quand on a une chose importante à dire, on doit y faire une attention particuliere : il faut se la dire à soi-même ; & après cette précaution, se la redire, de crainte qu'on ait sujet de se repentir, lorsqu'on n'est plus le maître de retenir ce qu'on a déclaré.

8°. S'il s'agit de garder un secret, on ne peut trop se taire ; le silence est alors une des choses dans lesquelles il n'y a point ordinairement d'excès à craindre.

9°. La réserve nécessaire pour bien garder le silence dans la conduite ordinaire de la vie, n'est pas une moindre vertu, que l'habileté & l'application à bien parler ; & il n'y a pas plus de mérite à expliquer ce qu'on fait, qu'à bien se taire sur ce qu'on ignore. Le silence du Sage vaut quelquefois mieux que le raisonnement du Philosophe; le silence du premier est une leçon pour les impertinents, & une correction pour les coupables.

10°. Le silence tient quelquefois lieu de sagesse à un homme borné, & de capacité à un ignorant.

11°. On est naturellement porté à croire, qu'un homme qui parle très-peu, n'est pas un grand génie, & qu'un autre qui parle trop, est un homme étourdi, ou un fou: il vaut mieux passer pour ne point être un génie du premier ordre, en demeurant souvent dans le silence, que pour un fou, en s'abandonnant à la démangeaison de trop parler.

12°. Le caractere propre d'un homme courageux, est de parler peu, & de faire de grandes actions : le caractere d'un homme de bon sens, est de parler peu, & de dire toujours des choses raisonnables.

13°. Quelque penchant qu'on ait

au silence, on doit toujours se méfier de soi-même; & si on avoit trop de passion pour dire une chose, ce seroit souvent un motif suffisant pour se déterminer à ne plus la dire.

14°. Le silence est nécessaire en beaucoup d'occasions; mais il faut toujours être sincere : on peut retenir quelques pensées; mais on ne doit en déguiser aucune : il y a des façons de se taire, sans fermer son cœur; d'être discret, sans être sombre & taciturne; de cacher quelques vérités, sans les couvrir de mensonges.

CHAPITRE II.

Différentes especes de silence.

IL est un silence prudent, & un silence artificieux;

Un silence complaisant, & un silence moqueur;

en matière de Religion.

Un silence spirituel, & un silence stupide;

Un silence d'approbation, & un silence de mépris;

Un silence de politique;

Un silence d'humeur & de caprice.

1°. Le silence est prudent, quand on sait se taire à propos, selon le temps & les lieux où l'on se trouve dans le monde, & selon les égards qu'on doit avoir pour les personnes avec qui on est engagé à traiter & à vivre.

2°. Le silence est artificieux, quand on ne se tait que pour surprendre, soit en déconcertant par-là ceux qui nous déclarent leurs sentiments, sans leur donner à connoître les nôtres, soit en profitant de ce que nous avons entendu & remarqué, sans y avoir voulu répondre autrement, que par des manieres trompeuses.

3°. Le silence complaisant est une application non-seulement à écouter, sans contredire ceux à qui on a dessein de plaire, mais encore à leur donner des marques du plaisir qu'on prend à leur entretien, ou à leur conduite; de sorte que les regards, les gestes, tout supplée au défaut de la parole, pour leur applaudir.

4°. Le silence moqueur est une réserve maligne & affectée, à ne point interrompre, sur les choses dépourvues de sens, ou inconsidérées, les sottises qu'on entend dire, ou que l'on voit faire, pour jouir du plaisir secret que donnent ceux qui en sont les dupes, en s'imaginant qu'on les approuve & qu'on les admire.

5°. C'est un silence spirituel, quand on apperçoit sur le visage d'une personne qui ne dit rien, un certain air ouvert, agréable, animé, & propre à faire comprendre, sans le secours de la parole, les sentiments qu'on veut laisser connoître.

en matière de Religion.

6°. C'est, au contraire, un silence stupide, lorsque la langue étant immobile, & l'esprit insensible, tout l'homme paroît être abymé dans une profonde taciturnité qui ne signifie rien.

7°. Le silence d'approbation consiste dans le consentement qu'on donne à ce qu'on voit & à ce qu'on entend, soit en se contentant d'y avoir une attention favorable, qui marque le cas qu'on en fait, soit en témoignant, par quelques signes extérieurs, qu'on le juge raisonnable & qu'on l'approuve.

8°. C'est un silence de mépris, que de ne pas daigner répondre à ceux qui nous parlent, ou qui attendent que nous nous déclarions sur leur sujet, & de regarder avec autant de froideur, que de fierté, tout ce qui vient de leur part.

9°. Le silence d'humeur est celui d'un homme dont les passions ne s'animent que suivant la disposition ou l'agitation de l'humeur qui domine en lui, & d'où dépendent la situation de son esprit, & l'opération de ses sens; qui trouve bien ou mal ce qu'il entend, selon que la physique fait bien ou mal ses fonctions; qui n'ouvre la bouche que par boutades, & pour ne dire rien que de désobligeant, ou de déplacé.

10°. Le silence politique est celui d'un homme prudent, qui se ménage, qui se conduit avec circonspection, qui ne s'ouvre point toujours, qui ne dit pas tout ce qu'il pense, qui n'explique pas toujours sa conduite & ses desseins; qui, sans trahir les droits de la vérité, ne répond pas toujours clairement, pour ne point se laisser découvrir. Il a pour devise ces paroles d'Isaïe, *Secretum meum mihi*. Il est d'autres politiques rusés, fourbes, qu'on ne connoît que trop dans le monde, & qu'il est inutile de définir ici, *omnium temporum homines*; leur silence se rapporte à celui du *numéro 2* ci-dessus.

CHAPITRE III.
Les causes des différentes especes de silence.

LEs différentes manieres de se taire, naissent de la variété du tempérament & de l'esprit des hommes.

1°. Le silence prudent convient aux personnes douées d'un bon esprit, d'un sens droit, & d'une application exacte à observer les conjonctures qui engagent à se taire, ou à parler.

2°. Le silence artificieux plaît aux petits esprits, aux gens méfiants, vindicatifs, & occupés à surprendre les autres.

3°. Ceux qui sont d'une humeur douce, facile & accommodante, ont plus de penchant au silence complaisant.

4°. Ceux qui aiment à se divertir de tout, aiment aussi le plaisir qu'ils trouvent dans un silence moqueur.

5°. Le silence spirituel ne subsiste qu'avec des passions vives, qui produisent des effets sensibles au-dehors, & qui se montrent sur le visage de ceux qui en sont animés. Ainsi on voit que la joie, l'amour, la colere, l'espérance, font plus d'impression par le silence qui les accompagne, que par d'inutiles discours, qui ne servent qu'à les affoiblir.

6°. Il est aisé de juger à qui convient le silence stupide ; c'est le partage des esprits foibles & imbécilles.

7°. Au contraire, le silence d'approbation suppose un jugement sûr & un grand discernement, pour n'approuver que ce qui mérite de l'être.

8°. La derniere espece de silence, qui est celle de mépris, est l'effet de l'orgueil & de l'amour-propre, qui porte les hommes de ce caractere à penser qu'on ne mérite pas un moment de leur attention. Quelquefois aussi ce silence peut se trouver dans un homme de jugement, qui ne juge pas que ce qu'il méprise par son silence, soit digne d'une plus grande considération.

Telles sont les vues générales qu'il faut avoir sur le silence, pour apprendre à se taire : nous en avons développé la nature, les principes, les diverses especes & les causes différentes ; l'expérience en fait connoître la vérité dans l'usage du monde. Ce qu'on a dit du silence, peut s'appliquer, par proportion, au discours prudent, ou artificieux, complaisant, ou moqueur, spirituel, ou stupide, plein de témoignages d'approbations, ou de marques de mépris, &c.

Mais il ne suffit pas, pour notre dessein, d'avoir l'esprit prévenu & rempli de ces idées générales. La pratique est la partie la plus considérable de cet Ouvrage : tâchons de l'expliquer comme nous l'avons conçu, après que nous en aurons représenté ici le plan, qui servira à faire comprendre la suite avec plus de clarté & de méthode.

CHAPITRE IV.

Application des principes précédens.

L'USAGE du silence & de la parole, consiste dans une juste application des principes susdits, à la conduite ordinaire de la vie. Cette application doit se faire selon deux rapports, où tout se réduit dans le monde.

Le premier regarde les matieres qui font le sujet du commerce de la vie, & de l'entretien des hommes. Les plus importantes sont les matieres de Religion ; & je ne m'arrête présentement qu'à celles-ci, qui serviront d'exemples & de modele pour les autres.

Le second rapport regarde les personnes mêmes, selon les différences ordinaires qui les distinguent dans le monde ; comme sont les personnes jeunes, & les personnes avancées en âge ; les Grands & le Peuple, les Savants & les Ignorants.

Or il arrive souvent que, pour ne pas savoir gouverner sa langue selon ces deux rapports, on tombe dans des fautes considérables.

Il est donc à propos d'examiner, premiérement, en quoi nous manquons, & ensuite comment il faut s'en corriger, suivant le projet que nous formons dans cet Ouvrage.

C'est-à-dire, que, pour ce qui concerne la Religion, j'expliquerai, premiérement, ce que je pense de la conduite ordinaire des jeunes personnes, & comment elles doivent régler leur silence & leurs discours dans une matiere si importante; nous passerons ensuite aux Grands & au Peuple, aux Savants & aux Ignorants.

Mais comme il y a deux moyens de s'expliquer, l'un par la parole, & l'autre par les Ecrits & par les Livres, il y a aussi deux manieres de se taire, l'une en retenant sa langue, & l'autre en retenant sa plume. J'examinerai donc, non-seulement ce qu'il faut régler dans les discours du monde, qui sont superflus, ou nuisibles, mais encore ce qu'il convient de faire à l'égard d'un nombre infini de Livres inutiles, ou pernicieux, si l'on veut réduire les choses à une conduite irréprochable. Commençons par la jeunesse.

CHAPITRE V.

Défauts des jeunes personnes dans leur maniere de parler de la Religion.

JE n'exposerai point ici tout ce qu'une jeunesse étourdie, & livrée à ses passions déréglées, est capable de dire d'une Religion qui l'incommode, & dont la sainteté condamne le libertinage. Les discours scandaleux de ces esprits, dévoués à l'impiété, ne peuvent inspirer trop d'horreur. *Leur langue est celle du serpent, & le venin des aspics est caché sous leurs levres.* Pf. 139.

Combien de ces jeunes gens, *petits-maîtres*, prétendent qu'il est du bon ton de persiffler tout ce qui appartient à la Religion, de mépriser ses Ministres, de jetter un ridicule sur la piété, de regarder comme une foiblesse de croire en

Dieu, de ne voir dans l'homme qu'un animal à deux pieds, que la mort détruit comme les autres animaux ? Ces hommes sans pudeur, comme sans espérance, devroient s'éprouver & s'examiner très-sérieusement, avant que de se déclarer esprits forts, ou libertins, afin, au moins, selon leurs principes, de finir comme ils vivent; ou s'ils ne se sentent pas la force d'aller si loin, se résoudre de vivre comme ils voudront mourir.

Etre brillant,
Sémillant,
Pétillant;
S'occuper éternellement
De sa parure,
De sa figure,
De sa voiture;
Se mettre sérieusement
A la torture,
Pour se donner contre nature
Certain jargon,

en matiere de Religion.

  Certaine façon,
  Certain ton,
  D'enfantillage,
  De papillonage,
  De perſifflage,
Qu'on appelle le bon ton;
  Faire l'amateur,
  Le connoiſſeur,
  Le protecteur;
 N'avoir qu'un caquet
  De perroquet;
  Et cependant
  D'un ton pédant,
  D'un air ſuffiſant
Décider ſouverainement;
  Tout mépriſer,
  Sur tout gloſer,
   Ricanner,
   Frédonner,
  Turlupiner,
  Déraiſonner,
  Poliſſonner;
Ne ſonger dans la vie
  Qu'à végéter;

Mettre toute son industrie
A se flatter,
Se dorloter,
Se délicater;
Voilà, des gens de cette espèce,
En quoi consiste la sagesse.

D'autres sont moins coupables, mais aussi peu instruits à gouverner leur langue sur la Religion; & j'en connois de deux sortes : il est des jeunes gens qui parlent assez de la Religion, & il en est qui n'en parlent jamais. Les uns en parlent, parce qu'ils aiment à beaucoup parler & à parler de tout ; les autres gardent, sur ce sujet, un profond silence, parce qu'ils vivent dans une extrême ignorance de tout ce qui regarde les choses saintes.

Les premiers, persuadés que rien n'est plus estimable que la liberté à parler, ne font aucun cas de ceux qui sont réservés en ce point. L'importance & la nécessité de savoir sa Religion, sont des prétextes favorables à leur inclination. S'il naît quelque difficulté nouvelle, dont les Théologiens soient embarrassés, un jeune discoureur la décide sans hésiter. Les hommes, que l'âge & l'expérience ont instruits à parler avec connoissance, ne l'incommodent point dans une conversation; il les prévient, il les interrompt, il s'égale à eux, & sa langue est dans un mouvement continuel, parce que son esprit n'est pas dans une situation fixe. Il semble que s'il a encore quelque chose à désirer, c'est d'apprendre à s'expliquer toujours avec plus de liberté; mais je ne sais si un pareil disciple trouveroit un maître qui voulût s'en charger. Il faudroit qu'il pût en trouver un de l'humeur de cet Ancien, qu'un jeune homme, grand parleur, alla trouver, & qu'il pria de le recevoir au nombre de ses disciples. Celui-ci, qui en reconnut le défaut dans le peu de temps qu'il lui parla, consentit néanmoins à sa demande. Il n'y mit qu'une condition; c'étoit que le nouveau disciple lui donneroit deux fois autant que les autres, premiérement pour apprendre à se taire, & ensuite pour apprendre à parler.

Ceux qui ne parlent jamais de la Religion, faute de vouloir s'en instruire, sont des muets coupables, & embarrassés par les chaînes qu'ils ont eux-mêmes formées : elles sont de différente nature, comme on peut le remarquer. C'est en quelques-uns une extrême négligence qui ne peut les justifier; c'est en d'autres la crainte d'examiner des matieres qui leur semblent abstraites, & difficiles à concevoir. Ils ne considerent pas que ce qui est abstrait dans la Religion, doit être adoré comme les Mysteres, ou est réservé pour l'école, & pour les Savants, obligés à répondre aux Hérétiques & aux Libertins. Tout esprit

esprit raisonnable doit savoir la Religion qu'il professe. La Religion Chrétienne nous apprend la fin à laquelle nous sommes destinés, & les moyens qui y conduisent; elle est à la portée de tous les esprits.

Il est d'autres liens moins faciles à rompre que les premiers : ce sont les attachements d'un jeune homme, tout occupé de ce qui peut charmer les sens, ou de ce qui plaît à l'esprit, dans la dissipation où il se trouve à cet âge. Comment s'entretenir de la Religion durant ces engagements, qui font rejetter jusqu'aux apparences de la piété ? Et où ne conduit point un esprit dissipé, quand on s'y abandonne ?

On est surpris de voir de jeunes personnes donner subitement dans une espece de délire où l'on ne comprend rien ; leurs paroles deviennent libres, leurs desseins vagues & stériles, leurs occupations ridicules : on diroit qu'ils ont oublié

B

ce qu'ils font, pour jouer dans le monde un rôle qui ne leur convient point, & qui les déshonore. Tout ce qui n'est pas de leur société, leur semble méprisable, & se trouve exposé à leur critique & à leurs froides railleries : la fierté, l'indépendance, & souvent le crime, succedent à leur bisarre changement. Peut-on douter que ce ne soient là autant d'obstacles qui les empêchent de penser à la Religion, de s'instruire de ses maximes, & d'en parler ? Ne doit-on pas leur faire ici ce reproche, dans les termes d'un homme savant ?

Un silence continuel, dit Ennodius, *est la marque d'une ignorance grossiere & coupable : rougissez-en, & rompez les chaînes qui vous lient la langue.* Quel sujet de confusion pour de jeunes Chrétiens, d'ignorer ce qu'ils sont absolument obligés de savoir, & de savoir ce qu'ils devroient toujours ignorer ! Quelle honte que de jeunes Hérétiques soient plus savants dans l'erreur, que les Catholiques ne le sont dans les vérités de la Foi ! & quel temps ceux-ci ont-ils donc destiné à s'instruire, s'ils laissent passer l'âge où le Seigneur a ordonné de former son esprit & son cœur à le connoître & à l'aimer ?

Après ce que je viens de dire, il est facile de voir que la jeunesse passe ordinairement à des extrêmités blâmables, en ce qui touche la Religion; car, ou elle en parle mal, ou elle en parle trop, ou elle n'en parle pas assez.

Remarquons ces trois sortes de fautes; *parler mal de la Religion, en parler trop, & n'en pas parler assez.* Comme elles sont communes, en quelque chose, aux jeunes personnes, & à ceux qui sont avancés en âge, aux Grands & au Peuple, aux Savants & aux Ignorants, la réflexion que je fais ici sera nécessaire, quand je les considérerai chacun à son tour, après avoir fini le Chapitre de la jeunesse, en lui appliquant les regles qui lui sont propres.

CHAPITRE VI.

Remedes aux défauts des jeunes gens, dans leur maniere de parler de la Religion.

1°. Les jeunes personnes qui, par inclination au déréglement, se sont fait une habitude criminelle de *parler mal* de la Religion, doivent, premiérement, s'appliquer, par respect, à se taire absolument sur cette matiere. Ce seroit trop leur demander d'abord, que d'exiger qu'ils en parlent bien; c'est un langage auquel ils ne sont point accoutumés. Le silence est un parti plus aisé, & il leur convient, suivant le premier principe: *on doit se taire, si l'on n'a rien à dire qui vaille mieux que le silence.*

Cependant qu'ils consultent leur

cœur, & qu'ils s'occupent à le réformer, la langue n'en est que l'interprete. Qu'ils tâchent de bien comprendre, pendant le silence qu'on leur prescrit, le sens de ces paroles de Salomon : *Un cœur réglé gouverne la langue avec beaucoup de sagesse, & l'instruit à bien parler.* [Proverb. 19.] On leur permettra ensuite de s'expliquer sur la Religion, & d'édifier, par leur changement, ceux qu'ils auront scandalisés par leurs discours impies.

2°. *Il y a un temps pour se taire, comme il y a un temps pour parler.* C'est à ce principe que je renvoie les jeunes personnes qui pechent, par le défaut de *trop parler* en matiere de Religion. Un sage Païen leur eût ajouté autrefois ce qu'il dit à un jeune homme de leur caractere : Souvenez-vous que la nature vous a donné deux oreilles, & qu'elle ne vous a donné qu'une langue, pour vous apprendre qu'il faut vous taire, & écouter deux fois autant de temps que vous en emploierez à parler.

Mais je ne prétends pas compter avec eux si exactement : je voudrois seulement leur persuader, que lorsqu'il s'agit de la Religion, il est certaines occasions où, dans l'ordre, il ne leur est pas permis de parler ; & voici les plus remarquables.

Quand il est question de vérités, que nous avons appellées, au commencement de ce Chapitre, les vérités de spéculation, ou de pure connoissance, si elles passent leur capacité, ce qui arrive souvent, c'est pour eux un temps d'écouter ceux qui sont capables de les instruire.

C'en est un autre, quand il s'élève dans l'Eglise des disputes sur des matieres délicates, épineuses, & dont ils ne peuvent avoir que des connoissances superficielles. J'en dis autant des sujets difficiles de controverse. On n'attend point d'un jeune homme du monde, qu'il discoure là-dessus en Docteur; & il y a toujours du danger à s'embarrasser dans ces matieres.

C'est encore pour les jeunes gens une occasion de se taire, quand ils rencontrent des personnes dignes de respect par l'âge, ou par la capacité & le grand usage qu'ils ont des choses saintes. Quand le devoir n'imposeroit point alors silence aux jeunes gens, il leur sied bien d'écouter.

Mais faut-il donc, dira quelqu'un, que par état nous devenions muets & stupides ? *Non : on ne prétend pas*, répond saint Ambroise, [Liv. 1 des Offices, ch. 3,] *vous réduire à la condition des muets : il en est du silence comme de la tempérance; elle ne consiste pas dans la privation entiere des viandes, mais dans la modération qui en regle le temps & la quantité.*

Faites une porte à votre bouche, dit le Sage; laissez plutôt vos coffres & vos trésors sans serrures, que vos levres, & ayez soin qu'il n'en sorte jamais aucune parole qui puisse être blâmée. *Ori tuo facito ostia.* [Eccli. 28.] Les méchantes paroles sont les plus proches de la porte; elles échappent parmi les bonnes. Il faut donc que la sagesse tienne la clef de cette porte, & la ferme aussi souvent qu'il est nécessaire. Un de nos défauts les plus ordinaires, est de parler inconsidérément & trop vîte; une de nos peines, est de nous dédire quand nous avons parlé mal-à-propos; & un de nos péchés les plus punissables, est de ne pas nous rétracter.

Quand David s'adresse à Dieu, pour obtenir un remede aux vices de la langue, *Pone, Domine, ostium labiis meis,* il lui demande une porte qu'il puisse ouvrir & qu'il puisse fermer. *La raison en est comme la clef,* dit S. Chrysostôme, & *on doit toujours s'en servir; c'est-à-*

dire, qu'il est permis de parler quand on sait le faire à propos. Ainsi dans les matieres communes de la Religion, & sur-tout dans les discours où il s'agit des vérités qui touchent les mœurs, il est bon que la jeunesse tienne son rang, & qu'elle s'explique avec modestie.

3º. J'applique au troisieme défaut, *de ne pas parler assez de la Religion,* le quatrieme & le douzieme principes. L'un condamne ces muets volontaires, en leur apprenant *qu'il n'y a pas moins de foiblesse & d'imprudence à se taire, quand on est obligé de parler, qu'il y a de légéreté & d'indiscrétion à parler, quand on doit se taire;* l'autre les instruit, en leur marquant que *c'est le caractere propre d'une personne de bon sens, de parler peu, & de dire toujours des choses qui soient raisonnables.* Qu'ils parlent peu sur les matieres de Religion, j'y consens ; mais qu'ils aient soin d'en parler au moins quelquefois, & d'en parler raisonnablement, après s'en être fait instruire par des personnes capables; leur vice étant de *n'en jamais parler*, & celui des autres *d'en parler mal*, ou *d'en trop parler*; la perfection sera d'en parler peu & d'en parler bien.

Mais qu'ils n'esperent pas y réussir, si leurs chaînes, dont j'ai parlé, ne sont brisées: ils en seront toujours embarrassés, soit qu'elles soient formées par des engagements coupables, soit qu'elles viennent d'une trop grande dissipation d'esprit. Ils doivent donc s'en prendre, & à leur esprit, & à leur cœur, s'ils ne savent pas gouverner leur langue en matiere de Religion.

CHAPITRE VII.

Défauts des personnes avancées en âge, dans la maniere dont elles parlent de la Religion.

1°. LEs personnes d'un certain âge seront sans doute surprises qu'on veuille leur faire des leçons, & les réduire à apprendre la maniere de se taire & de parler dans le monde. Le nombre des années qu'elles y ont passées, est, selon elles, un titre qui les met en possession de donner des conseils, plutôt que d'en recevoir : elles prétendent savoir à quoi s'en tenir sur la Religion, pour garder le silence qui leur convient, ou pour en parler. Je déclare que je n'ai, ni instructions, ni avis à donner à ceux qui sont capables d'en donner aux autres, & de qui je voudrois en recevoir. Leur âge est vénérable, & je le respecte, comme je dois, dans ces vieillards sages, discrets, aimables, qui servent aux autres d'exemple, de vertu & de probité.

2°. Mais comme il arrive souvent *qu'on se trompe, en mesurant son mérite par le nombre de ses cheveux blancs & de ses années, au lieu de compter sur ce qu'on a fait de louable dans sa jeunesse & dans le cours de sa vie*; [Sagef. ch. 4.] parmi les personnes avancées en âge, comme parmi les jeunes gens, on en trouvera à qui les regles de se taire & de parler, ne seront pas inutiles.

3°. On rencontre dans le monde des enfants de soixante & de quatre-vingt ans, qui ne savent point encore gouverner leur langue. Coupables des mêmes fautes que j'ai déja remarquées, ils ne different que par la maniere dont ils les commettent, & dont le monde en est scandalisé.

4°. S'ils parlent mal de la Religion, c'est avec une licence d'autant plus extravagante, qu'elle est moins excusable à leur âge.

S'ils en parlent trop, c'est toujours en décidant, & avec un air d'autorité, que l'âge semble leur donner, mais qui ne sert souvent qu'à fatiguer ceux qui les écoutent, & qu'à confondre le vrai & le faux, avec la même assurance que s'ils prononçoient des oracles.

S'ils n'en parlent jamais, c'est l'effet d'une ignorance si sensible, qu'on en est mal édifié, & qu'ils tombent dans le ridicule, que Sénèque reprochoit de son temps, quoique dans un autre sens : *Rien n'est plus honteux, ni plus digne de risée, qu'un vieillard qui en est encore aux premiers éléments des enfants.*

On blâme la jeunesse avec raison, & j'ai condamné ses défauts ; elle est cependant à plaindre en quelque manière, étant continuellement sur le point de tomber, parce que les mouvements de la cupidité l'emportent.

Mais quel spectacle de voir un homme avancé en âge, & incapable de modérer sa langue en matiere de Religion ! Ses sens s'affoiblissent, il n'a presque plus que l'usage de la langue, & il ne s'en sert que pour scandaliser & que pour produire son ignorance, ou la corruption invétérée de son cœur.

6°. Quelle différence dans cet illustre vieillard, toujours digne d'être proposé, aux personnes de son âge, pour un parfait modele à imiter dans la Religion ! je parle du pere des Machabées. Dans la désolation générale que causa la persécution d'Antiochus, ennemi du peuple Juif, cet homme respectable fut, par ses paroles vives & efficaces, le soutien & la consolation des Fideles, tandis que par la force de son bras, à la tête de sa famille, il fut en même-temps l'effroi des ennemis d'Israël.

en matière de Religion. 39

Le Testament de ses peres, la Loi de Dieu, la fidélité à conserver la Religion, étoient les paroles qu'il avoit toujours dans la bouche. Il les prononça constamment jusqu'au dernier soupir, à l'âge de cent quarante-six ans. Heureux pere d'avoir eu cinq fils, tous héritiers de sa vertu, de sa valeur & de son zele !

7°. On ne demande point à toutes les personnes avancées en âge, qu'elles prennent les armes pour la défense de la Loi de Dieu, mais du moins qu'elles sachent gouverner leur langue en matiere de Religion. Les regles suivantes pourront leur être utiles ; elles sont tirées du *douzieme Principe, qui fait consister le bon sens à parler peu, & à toujours dire des choses raisonnables.*

CHAPITRE VIII.

Remedes aux défauts des personnes avancées en âge, dans leur maniere de parler de la Religion.

1°. Les personnes âgées doivent donc éviter généralement de trop parler, & de fatiguer ceux qui les écoutent. On est prévenu que c'est un défaut de la vieillesse, d'aimer beaucoup à parler, & de renverser ainsi l'ordre que prescrit l'Apôtre S. Jacques, qui dit, que *l'homme doit être prompt à écouter, & lent à parler.* Ils doivent prévenir ce reproche, par un silence prudent.

2°. Ce qu'ils diront en matiere de Religion, sera raisonnable, quand ils ne parleront qu'exactement des matieres qu'ils possedent ; qu'ils se taisent sur ce qu'ils en ignorent, & qu'ils n'aient point honte d'écouter ceux qui font plus inftruits.

3°. Qu'ils n'oublient jamais la réferve qu'on doit avoir en préfence des jeunes gens ; elle doit être portée, pour ainfi dire, jufqu'au refpect. Une parole indifcrete ou impie, prononcée par une perfonne avancée en âge, eft toujours, ou un fujet de fcandale pour un jeune homme, s'il a l'efprit réglé ; ou elle fait, fur un efprit gâté, des impreffions de libertinage, ou d'incrédulité, qui s'effacent d'autant moins, qu'elles lui femblent plus autorifées.

4°. On blâme dans les vieillards certaines préventions, qui les portent à ne louer, dans leurs difcours, que ce qu'ils aiment, & à n'avoir d'attachement fur le fait de la Religion, que pour ce qu'ils ont, bien ou mal, adopté. Il conviendroit donc ici qu'ils modéraffent leur langue, & qu'ils n'oubliaffent point qu'on eft obligé de

42 *L'Art de se taire*
chercher la vérité, & de l'embrasser à quelque âge qu'elle se présente.

Je suis trop vieux, disoit quelqu'un, *pour apprendre une nouvelle Religion* ; il parloit de la Religion Catholique. Tout, jusqu'à la vérité même, quelque ancienne qu'elle soit, tout paroît nouveau dans la vieillesse, excepté les anciennes idées dont on a l'esprit rempli. C'est à ces idées fausses, qu'il faut appliquer le remede pour les détruire ; c'est le seul moyen de s'expliquer ensuite, avec la sagesse & la maturité qui conviennent à la vieillesse.

CHAPITRE IX.

Défauts des Grands dans leur maniere de parler de la Religion.

1º. LA maniere dont les Grands traitent la Religion par leurs paroles, ou par leur silence, l'honore, ou la décrie, dans l'esprit des personnes foibles qui leur sont soumises. Ceux qui leur sont assujettis, accoutumés à leur obéir, à recevoir d'eux les regles de leur conduite, & à suivre les impressions qu'ils leur donnent, se font un devoir d'entrer dans leurs sentimens, de juger, de parler comme eux : ils estiment, ou ils méprisent, ce qu'ils entendent estimer, ou mépriser, par ceux qui les gouvernent.

2°. La Religion a toujours fleuri sous les regnes des Souverains qui se sont déclarés solemnellement en sa faveur, qui ont sévérement imposé silence, & l'ont exactement observé eux-mêmes, dans tout ce qui pouvoit blesser son honneur. Quel fut l'éclat de la Religion sous la conduite des hommes choisis de Dieu pour gouverner son Peuple, soit en qualité de Législateurs, soit comme Juges, ou comme Rois ! Les Livres saints nous font un récit fidele de leurs paroles. Quelles impressions ne devoient-elles pas faire sur les esprits, puisqu'on ne peut encore aujourd'hui les lire sans en être touché ?

Les Annales de l'Empire nous apprennent comment Constantin & Théodose se déclaroient sur la Loi de Dieu, & quel effet produisoit leur exemple parmi leurs Sujets. L'Histoire de France nous en fournit aussi des preuves authentiques. Ce Royaume n'est-il pas redevable de sa Religion, aux saints entretiens de Clothilde, qui en inspira le désir à Clovis, son époux ? Il en fit profession après la victoire importante qu'il remporta sur les Allemands, & le Christianisme fut bientôt établi dans toutes ses Provinces.

Le zele de Charlemagne a étendu cette Religion ; & S. Louis, par ses sages Instructions, par ses Ordonnances, en a maintenu & augmenté le culte.

3º. C'est ainsi que les Grands

du monde doivent penser, agir & parler ; & à leur exemple, ceux qui leur sont subordonnés dans le gouvernement.

Les premiers Pasteurs de l'Eglise n'ont point ignoré, qu'en ce point leurs obligations étoient plus étroites. L'Eglise bénit chaque jour la mémoire de ceux qui l'ont maintenue, malgré la politique & la fureur de ses persécuteurs. Le zèle qu'ils ont eu pour la Foi, la liberté avec laquelle ils s'en sont expliqué aux Tyrans, & l'ont prêchée à leurs bourreaux, la fermeté qu'ils ont montrée à ne prononcer aucune parole dont l'idolâtrie pût s'applaudir, leur ont procuré la couronne du martyre.

4°. Opposons à la conduite de ces grands & sages Protecteurs de la Religion, les défauts de ceux qui la déshonorent.

Que penser des personnes d'autorité, qui ne se déclarent sur la Religion que foiblement, & avec indifférence, qui n'en parlent quelquefois que sur un ton méprisant, ou qui ne la présentent que comme un moyen politique de contenir & de gouverner les hommes? Ce n'est pas en *parler assez*, que d'en parler foiblement, ou sous des couleurs purement humaines; c'est en *parler trop* & en *parler mal*, que d'y employer la raillerie, ou le mépris. La foiblesse, ou l'indifférence, l'exposent aux insultes de ses adversaires; la raillerie, jointe à une infidélité apparente, la ruine absolument dans l'esprit & dans le cœur des inférieurs.

Quel compte terrible ne rendront point à Dieu ces Grands de la terre, qui sont lâches & indifférents sur cet objet! Que lui répondront-ils, quand l'abus de leur autorité leur sera reproché au jour des vengeances du Seigneur, dont la Majesté fera disparoître toute grandeur humaine, & confondra les Puissances qui lui auront été contraires?

en matiere de Religion.

Quel malheur, en particulier, pour les Supérieurs Ecclésiastiques, si cette contrariété se rencontre en eux, par rapport à leur maniere de s'expliquer sur la Loi de Dieu, s'ils sont les premiers à parler mal de la Religion, de ses dogmes, de ses cérémonies, &c. ou s'ils applaudissent aux railleries sacrileges qu'ils entendent quelquefois dans les cercles du monde ! *Un Supérieur Ecclésiastique,* dit S. Jérôme, *non-seulement est obligé à remplir son esprit des vérités de la Religion, mais son extérieur, toute sa personne doivent annoncer les divines vérités. Ses paroles, comme ses actions, doivent être une instruction vive & continuelle, pour ceux qui sont soumis à sa conduite.*

Fils de l'homme, dit le Seigneur dans Ezéchiel, *je vous ai établi pour veiller sur la maison d'Israël. Si vous ne parlez à l'impie pour le ramener à son devoir, & s'il périt, je vous demanderai un compte sévere de la perte de son ame.*

Il est certainement honteux, dit S. Pierre Chrysologue, *de voir un Pasteur des ames qui s'amuse à des bagatelles, qui souille, par des entretiens indignes de son caractere, des levres consacrées pour prêcher l'Evangile de Jesus-Christ.*

Tels sont les avis que les Saints donnent aux Grands, destinés au gouvernement de l'Eglise, sur l'obligation où ils sont de faire un bon usage du ministere de la parole, ou en se taisant sur ce qui ne leur convient pas de dire, ou en s'expliquant, comme ils le doivent, sur la Loi de Dieu. Mais s'il y en a plusieurs qui sont fideles à leur devoir, n'y en a-t-il point aussi qui manquent en cela de fidélité ?

C'est donc aux Grands de l'Eglise & du siecle, qu'on peut dire, avec le S. Esprit : *Souverains du monde, & vous qui en êtes les juges, instruisez-vous de vos devoirs, & soyez attentifs à ne rien vous permettre qui soit contraire aux regles de bien parler,*

parler, & de se taire à propos en matiere de Religion.

CHAPITRE X.

Remedes aux défauts des Grands, dans leur maniere de parler de la Religion.

GRANDS de la terre, souvenez-vous de qui vous tenez votre autorité, & adorez, dans un silence respectueux, le souverain Arbitre de l'Univers qui vous l'a confiée pour sa gloire, & pour le bien des hommes qui vous sont soumis !

Que ce silence de respect vous apprenne à ne parler des choses saintes, qu'avec une sage discrétion ; votre réserve doit aller jusqu'au scrupule sur cette matiere ; n'en parlez qu'avec réflexion ; rien n'est léger dans vous ; tout y est remarqué, tout y est de conséquence.

Condamnez-vous à un silence éternel, plutôt que d'employer votre langue à railler tout ce qui a du rapport à la Loi divine, aux usages de la Religion & à ses Mysteres, que vous ne comprenez pas.

Souvenez-vous qu'on ne se moque jamais impunément de Dieu. Souvent même il permet, pour vous punir par où vous osez l'offenser, que dans ces moments de coupables plaisanteries, que vous croyez peut-être très-spirituelles, l'éclat de votre grandeur se ternit aux yeux des hommes, & votre conduite les détourne du respect qu'ils étoient naturellement disposés à vous porter.

Le Tyran de Sicile accompagnoit toujours de quelques railleries, les impiétés qu'il commettoit à l'égard de ses Dieux. *Ce manteau*, disoit-il, en dépouillant la statue de Jupiter Olympien d'un manteau d'or massif, *est trop froid en hiver, & trop pesant en été.*

Je reçois ce que les Dieux me présentent, disoit-il dans une autre occasion, en ôtant aux statues les palmes, les couronnes, les coupes précieuses dont elles étoient ornées : ainsi ont passé jusqu'à la postérité, les prétendus bons mots de ce Prince : on en rit, & sa mémoire est en horreur, quoiqu'au fond ces divinités chimériques n'aient pas mérité un meilleur traitement.

Méfiez-vous de vous-mêmes ; *& pour vous empêcher de dire quelque chose en matiere de Religion, que ce soit assez d'avoir trop de passion pour la dire*. Personne ne prendra la liberté de vous imposer silence ; c'est à vous de vous en faire une loi.

Il ne suffit pas de régler votre silence & vos discours par rapport à vous-mêmes ; vous devez encore les régler à l'égard des autres hommes, & particuliérement de ceux sur qui vous avez quelque autorité. De quelque qualité qu'ils soient, n'ayez jamais un silence d'approbation pour leurs discours, lorsqu'ils seront contre le respect dû à la Religion : un signe, un souris qui vous échappera, peut rendre encore plus criminels ceux qui s'échappent, parce qu'ils croient vous divertir & vous plaire. Que votre visage parle alors pour votre langue. Le Sage a un silence expressif, qui devient une leçon pour les imprudents, & un châtiment pour les coupables.

Il y a des temps & des personnes à qui *le silence de mépris* convient ; il vous est même souvent nécessaire ; vous êtes environnés de flatteurs, de gens intéressés, de courtisans adulateurs : s'ils s'oublient jusqu'à perdre le respect qu'ils doivent à la Religion, en vous faisant quelque mauvais récit, en traitant mal les Ministres du Seigneur, en cherchant à vous inspirer quelque sentiment nouveau, en censurant ce que l'Eglise approuve, & en approuvant ce qu'elle condamne, alors un mépris marqué peut faire sur eux une impression plus humiliante, que si vous daigniez leur parler pour les reprendre. La faveur des Grands est un charme, contre lequel peu de personnes se défendent ; mais leur mépris & leur indignation, sont autant de coups de foudre qui accablent : c'est à vous à les employer, & pour le bien des hommes, & pour l'honneur de la Religion.

CHAPITRE XI.

Défauts du Peuple dans la maniere dont il parle de la Religion.

JE ne considere ici le Peuple, qu'en ce qui concerne sa maniere de parler de la Religion. J'ai déja dit que la conduite des Grands est ordinairement la regle de leurs Sujets ; mais il arrive quelquefois, malgré toutes les précautions & les bons, ou les mauvais exemples des Grands, que le Peuple suit son propre mouvement.

On peut même dire en général, que parmi une multitude aussi nombreuse que celle dont le peuple est composé, on y trouve beaucoup de défauts, dans la matiere que j'examine ; le défaut d'instruction, la grossiéreté, l'erreur, ou la superstition, & l'insolence, sont les vices ordinaires du peuple. Le défaut d'instruction, ou la grossiéreté, font qu'il ne parle pas assez de la Religion ; l'erreur, ou la superstition, fait qu'il en parle trop, & l'insolence l'en fait parler mal.

Je ne sais si je pourrai représenter ici le premier de ces défauts, tel qu'il est dans le Peuple grossier & stupide. Imaginez-vous des hommes qui n'en ont, pour ainsi dire, que la figure. Vous leur parlez de la Religion ; vous leur demandez leur croyance, & ils regardent le ciel, ou la terre, selon qu'ils sont embarrassés à vous répondre ; vous les pressez, vous les interrogez, savoir, par exemple, s'ils sont Chrétiens ? s'ils ont un Dieu ? s'ils en ont plusieurs ? Le *oui* & le *non* qu'ils confondent en tout, sont les termes où est bornée la capacité du bas peuple. On est touché de compassion sur son ignorance ; on entreprend de l'instruire ; il écoute, ou paroît écouter ; on emploie des expressions à sa portée, pour lui expliquer les vérités qu'il est obligé de savoir ; on croit qu'il a compris ce qu'on a dessein de lui faire entendre ; on veut en faire l'épreuve, & on trouve qu'on a parlé sans être compris.

On cherche de nouveaux tours pour entrer dans son esprit ; on lui répete plusieurs fois les mêmes choses, & il finit par donner à vos demandes quelques réponses extravagantes.

Quelle stupidité ! On a de la peine à comprendre jusqu'où elle va. C'est souvent un défaut d'éducation ; c'est paresse, c'est honte de se faire instruire, & nulle de ces excuses est raisonnable.

L'erreur, ou la superstition, sont d'autres défauts du Peuple. Ceux qui y sont livrés, parlent volontiers, & souvent trop de la Religion ; mais toujours suivant les fausses idées qu'ils en ont, & qu'ils sont toujours prêts à défendre. L'effet propre de ces vices, est un attachement opiniâtre, ou à des vues particulieres & erronées, ou à la pratique de quelques cérémonies particulieres de la Religion, mais mal entendues. Le nom de Religion engage le peuple, & il veut ensuite maintenir ce que l'ignorance l'empêche de discerner pour faux, ou pour véritable ; c'est une inclination aussi ancienne que le Peuple même. En tout temps elle l'a porté à louer & à estimer jusqu'aux superstitions les plus cruelles, & aux erreurs les plus ridicules. C'est ainsi qu'il vantoit autrefois le bonheur des enfants sacrifiés aux faux-Dieux; le mérite des vieillards, couronnés de fleurs par leurs amis, & précipités du haut des rochers dans la mer; la gloire des jeunes filles, déchirées de coups devant les autels de Bacchus, &c.

Rome même nous a représenté, avec éloge, son Peuple conquérant & maître du Monde, attentif à examiner les entrailles d'une bête, le vol d'un oiseau, ou la maniere dont un poulet mangeoit, pour connoître la volonté des Dieux, & pour régler les plus importantes affaires de la République.

Le Peuple est naturellement porté à louer les abus dont il aime la pratique; mais les Chrétiens ne devroient point souffrir l'ombre même de ces vices: ils sont les disciples d'un Dieu, qui, en naissant, a détruit l'erreur, pour ne plus être adoré que par un culte sincere & véritable.

On voit cependant parmi le Peuple, des Fideles attachés à certaines prieres, faites dans certains lieux, pendant un certain nombre de jours. Entêtés de pratiques particulieres d'une dévotion bifarre, ils les préferent aux choses essentielles de la Religion ; & tel aimeroit presque autant changer de Religion, que de changer ces pratiques, & d'en réformer les abus. Voilà le génie du Peuple, que la simplicité, ou l'ignorance engage dans ces fautes.

Le remede n'est pas moins nécessaire à la témérité du Peuple, que la passion anime : ce vice ne peut être mieux connu que dans la contrariété des partis ; c'est le crime de toutes les hérésies ; elles commencent ordinairement par les mouvements de quelque esprit brouillon, superbe, ou corrompu par le libertinage. Répandues ensuite parmi le Peuple, elles s'accroissent & se maintiennent par des discours séditieux, par des cabales, par la désobéissance aux Supérieurs légitimes. Le mépris, les outrages, les railleries contre la Religion opposée, sont mis en usage par une troupe d'hommes indépendants, qui se réunissent au premier bruit d'un changement, & soutenus quelquefois par des personnes qui ont d'autres intérêts que ceux de la Loi de Dieu.

En vain les hommes d'une autorité & d'un mérite reconnus, parlent pour rappeller les rebelles à leurs devoirs. On éleve la voix contre les Puissances; on leur résiste; on abuse des conjonctures du temps, pour obtenir ce qu'on demande; on prescrit des loix, quand on devroit en recevoir; & le Peuple, devenu insolent, croit avoir fait une œuvre agréable à Dieu, en se déclarant contre une Religion, dans le sein de laquelle il a été élevé. Voilà ce que différents siecles ont vu, & ce que le dernier nous présente dans les pays du Nord.

Les regles des devoirs du Peuple, sont celles que je vais proposer, selon la différence de ses défauts.

CHAPITRE XII.

Remèdes aux défauts du Peuple, dans la maniere dont il parle de la Religion.

L'Esprit du Peuple est très-borné; mais il ne doit pas se croire incapable de répondre sur ce qu'il doit savoir de la Loi de Dieu. Je ne désapprouve pas qu'il se taise, plutôt que de dire des extravagances, & qu'il se retranche sur *la seconde & la troisieme des maximes proposées*; mais ce ne doit point être pour entretenir sa stupidité. Quelque foible que soit son esprit, il peut être formé à rendre compte de sa croyance, pourvu que la volonté soit bonne. Alors le désir du salut, l'instruction assidue, & l'application à ce qui fait l'essence de la Religion, seront les moyens qui lui apprendront comment il doit parler.

Mais s'il est superstitieux, je le plains encore plus : on peut lui appliquer ce qui a été dit d'un homme bisarre & opiniâtre dans ses sentiments, dont il fatiguoit tout le monde : *Que pour lui faire changer de discours, il eût fallu lui faire changer de tête.* Je n'en sais pas le secret, & mes regles ne vont pas jusques-là. En voici une cependant qui peut être utile aux superstitieux, s'ils y font attention.

La réserve qui est nécessaire pour bien se taire dans la conduite de la vie, n'est pas une moindre vertu, que l'habileté & l'application à bien parler ; & il n'y a pas plus de mérite à expliquer ce qu'on sait, qu'à se taire sur ce que l'on ignore : c'est la neuvieme maxime, dont voici le rapport au sujet de la superstition.

Ce vice étant un culte faux & ridicule, l'ignorance en est donc inséparable. Les esprits superstitieux doivent donc se faire *un mérite de se taire sur ce qu'ils ignorent*, c'est-à-dire, sur plus de la moitié au moins de ce qu'ils croient bien savoir.

La superstition ne faisant parler ceux qu'elle anime, que dans la vue de rendre à Dieu un culte religieux, & de pratiquer la vertu; qu'ils apprennent que la réserve à se taire dans la conduite des exercices de la vie chrétienne, vaut mieux que l'application qu'ils auroient à en parler superstitieusement.

Tous les discours de peuple à peuple, & de superstitieux à superstitieux, ne servent qu'à entretenir l'homme dans ses foiblesses, & dans les vaines idées qu'il a de la Religion : on peut parler des choses saintes, & on doit en parler, quand il est à propos de le faire ; mais dans l'état de superstition, ce ne doit être, qu'avec beaucoup de précaution, avec des personnes plus éclairées que nous, & avec une grande soumission d'esprit ; cette attention est également nécessaire à ceux qui sont dans l'erreur.

J'ai dit dans l'onzieme maxime, qu'on est naturellement porté à croire qu'un homme qui parle peu est un ignorant, & qu'un autre qui parle trop, est un étourdi, ou un fou ; mais qu'il vaut encore mieux passer pour avoir peu de génie, en demeurant dans le silence, que pour un étourdi, un fou, en s'abandonnant à la démangeaison de trop parler. La superstition est une espece de folie. Ceux qui en sont attaqués, prendront encore de cette maxime, ce qu'ils jugeront nécessaire pour eux ; mais je l'ai réservée pour le peuple téméraire & emporté. Il n'y a point à délibérer pour lui ; son insolence est une folie complete : plus il parle, plus elle se découvre ; le remede lui est donc nécessaire. Qu'il préfere de passer plutôt pour ignorant, en gardant le silence, que pour un insensé & pour un furieux, en parlant avec emportement : il est de son intérêt de calmer son esprit & d'arrêter sa langue. Il est certain, qu'*à prendre les choses en général, on risque toujours moins en se taisant, qu'en parlant.* La témérité trouve tôt ou tard, des obstacles qui l'arrêtent, & des forces victorieuses qui l'anéantissent.

Enfin, de quelque naturel que soit le Peuple, le respect, l'envie de s'instruire, l'application à imiter ce qui l'édifie, & à écouter ceux qui sont plus éclairés que lui, sont les remedes infaillibles aux vices de sa langue en matiere de Religion.

CHAPITRE XIII.

Défauts des Savants, dans la maniere dont ils parlent de la Religion. Défauts de ceux qui parlent & qui traitent de la Religion, par profession & par état.

LE monde est plein de Savants, si l'on veut croire ceux qui s'imaginent l'être, ou que des hommes, peu éclairés, mettent au rang des Savants; soit parce qu'ils admirent tout ce qui paroît au-dessus de leurs foibles lumieres, soit parce qu'ils ne savent rien refuser à leurs amis, sur-tout quand il s'agit de titres honorables qui peuvent les flatter. Le nombre des Savants diminuera beaucoup, si vous en jugez autrement. Pour en former un seul, il faut un assemblage de tant de perfections, qu'il est très-rare de les voir réunies.

L'Empereur Sigismond avoit raison de reprocher à un Docteur, qu'il avoit fait Chevalier, le mépris que ce Savant conçut de son premier état, jusqu'à ne plus joindre, en signant son nom, que la qualité de Chevalier. *Vous en usez mal*, lui dit le Prince, *de mépriser le titre de Docteur ; je peux faire en un jour cent Chevaliers, & en cent ans je ne ferois point un Savant.*

Il est inutile de s'arrêter ici à examiner ce qui constitue la différence & le mélange des Savants; ce que je viens d'en dire, suffit pour exposer maintenant les fautes qu'ils commettent en parlant de la Religion. Mais avant que de traiter ce sujet, rendons l'honneur qui est dû aux Savants, reconnus pour les maîtres & pour les défenseurs de la Loi de Dieu. Ces hommes extraordinaires n'ont employé leur langue, que pour annoncer la gloire du Seigneur;

Il n'y a point de siecles où le ciel n'en ait choisi plusieurs pour publier & pour accroître la vraie Religion. Il en est encore de nos jours qui sont les successeurs & les imitateurs fideles de ces grands hommes ; ils maintiennent l'honneur de l'Eglise ; ils prêchent & pratiquent ses saintes maximes ; ils les enseignent, les répandent par leurs Ecrits.

Mais on entend quelquefois des maximes différentes de celles-là parmi les Savants, dont je blâme ici les défauts : ils sont, ou présomptueux, & ils parlent trop ; ou intéressés, & ils parlent mal ; ou foibles & lâches, & ils ne parlent point assez de la Religion.

C'est dans l'Ecole qu'on parle de la Religion, par profession & par état. Tout ce qui la concerne, peut faire le sujet des entretiens particuliers, & des exercices publics des Théologiens : mais voici quelques-uns de leurs défauts que je vais indiquer, d'après un habile Docteur qui a traité cette matiere.

Premiérement, à l'égard de l'usage de la raison, touchant les mysteres de la Foi, il faut éviter deux extrêmités également condamnables, dans lesquelles les Théologiens des derniers temps sont tombés; les uns en considérant la raison comme la regle universelle, à laquelle on doit rapporter tous les dogmes, pour juger de leur vérité, ou de leur fausseté, & en soutenant qu'il ne faut reconnoître pour véritables, que ceux qu'elle conçoit & qu'elle connoît évidemment; les autres, au contraire, en rejettent tout-à-fait l'usage, & assurent qu'on ne doit point s'en servir, quand il s'agit des mysteres de la Foi. Il peut y avoir des vérités que l'esprit de l'homme ne peut concevoir, ni comprendre, puisque ses lumieres

étant finies & bornées, il est très-possible, & même comme nécessaire, qu'il y ait bien des choses au-dessus de sa portée. L'homme ne peut douter de la vérité des choses que Dieu a révélées, quand la révélation est claire & certaine, quoiqu'il trouve de la difficulté à les accorder avec les principes de la raison. Etant constant que Dieu ne peut pas révéler une fausseté pour une vérité, quand il est évident qu'il a révélé telle & telle chose, toute raison de douter cesse, & les difficultés que le raisonnement peut former, ne doivent être d'aucune considération. [a] » La foi en Dieu
» détruit, comme dit saint Paul,
» tous les raisonnements humains,
» & tout orgueil qui s'élève con-
» tre la science de Dieu, & ré-
» duit en servitude tous les esprits,
» pour les soumettre à l'obéissan-
» ce de Jesus-Christ. » Mais quoiqu'on ne doive point employer la

_____
[a] 2. Corinth. 10, v. 4 & 5.

raison, pour juger par elle-même de la vérité des mysteres que l'on propose à croire, on doit l'employer, pour juger si l'autorité qui les propose est suffisante, & s'il est certain que Dieu a révélé telle & telle vérité. Ainsi, la Foi n'exclut pas l'usage de la raison, & la raison ne cede à la foi, que parce qu'elle est persuadée qu'elle doit se rendre à son autorité, malgré les lumieres apparentes qu'elle a du contraire.

Enfin, pour expliquer entiérement ce qui regarde l'usage de la raison dans la Religion, il faut remarquer que la Religion nous enseigne trois sortes de vérités : les unes qui sont connues par les lumieres de la nature, & qu'on peut prouver par la raison, comme l'existence d'un Dieu, ses attributs, & la plupart des principes de la morale. Les autres qui ne sont point connues par les lumieres de la raison, mais qui n'y sont nullement contraires, & que la raison considere comme très-possibles, & même vraisemblables; par exemple, qu'il y a un Enfer & un Paradis. Les dernieres qui non-seulement ne sont point connues par la raison, mais qui lui paroissent contraires à ses lumieres, & en quelque sorte impossibles, comme sont les mysteres de la Trinité, de l'Incarnation, &c. A l'égard des premieres, on ne peut douter qu'il ne soit permis, utile, & même nécessaire de joindre la raison à la foi pour les établir. Quant aux secondes, la raison ne juge point de leur vérité, ni de leur fausseté; elle juge seulement qu'elles sont très-possibles & vraisemblables; & étant assurée qu'elles sont révélées, elle y donne facilement son consentement. A l'égard des troisiemes, elle n'a d'autres fonctions que de juger si elles sont révélées, ou si elles ne le sont pas; & quand elle est convaincue de la vérité de la révélation, elle est obligée de reconnoître que cette vérité surpasse sa portée, qu'elle doit se soumettre, sacrifier à l'autorité de la révélation toutes les lumieres qu'elle croit avoir, & rejetter toutes les difficultés qu'elle y rencontre, quand même elle n'en pourroit pas trouver la solution. La raison sert, comme nous avons dit, à faire connoître ce qui est révélé, & à découvrir le vrai sens de l'Ecriture & les sentiments des saints Peres de l'Eglise. Elle sert encore à tirer des conséquences des articles de Foi, soit de deux propositions révélées, dont elle connoît la connexion, quoiqu'elle n'en conçoive pas la vérité, soit en joignant à une proposition connue par la révélation, une autre proposition connue par la lumiere naturelle, comme quand elle fait ce raisonnement : L'homme est composé de corps & d'ame ; Jesus-Christ est homme ; donc il est composé de corps & d'ame. La premiere proposition

en matiere de Religion.

proposition est évidente; la seconde est connue par la foi; & la raison connoissant la connexion qu'il y a entre ces deux propositions & la troisieme, en affirme la vérité. Quand la proposition connue par la raison est si évidente, qu'elle ne contient que l'explication d'un des termes de la proposition révélée, & que la conséquence est claire, immédiate & incontestable, comme dans l'exemple proposé, alors la conclusion est de foi. Mais quand la proposition est obscure & incertaine, & quand la conséquence est éloignée, comme la raison peut se tromper en ces occasions, la conclusion n'est pas de foi. Voilà l'usage légitime qu'on peut faire de la raison dans la Théologie, & voici l'abus qu'on pourroit en faire. 1°. De ne vouloir rien croire que ce que la raison naturelle conçoit évidemment, & de rejetter tout ce qui ne nous paroît pas conforme à ses lumieres. 2°. D'entreprendre de prouver par la raison, des mysteres, qui ne sont connus que par la révélation. 3°. De raisonner avec trop de subtilité sur nos Mysteres, & de vouloir les expliquer tous par les principes de la Philosophie. 4°. De traiter & former quantité de questions étrangeres & inutiles, qui ne servent, ni à l'instruction, ni à l'édification des Fideles. Ces défauts sont condamnés par l'Ecriture, par les saints Peres de l'Eglise & par les Auteurs Ecclésiastiques. Car ils nous enseignent que Dieu nous a révélé des mysteres qui sont incompréhensibles à la raison humaine, & beaucoup au-dessus de ses lumieres; qu'elle ne peut, ni comprendre, ni montrer, & dont elle ne peut rendre d'autre raison, si ce n'est que Dieu les a révélées. [a] Jesus-Christ louant la généreuse confession de saint Pierre, qui le reconnoissoit hautement *le Fils du Dieu vivant*,

[a] Matth. 16, v. 15, 16 & 17.

déclara en même-temps que ce n'est, ni la chair, ni le sang, mais le Pere céleste qui lui a révélé cette vérité; c'est-à-dire, que cette vérité dont saint Pierre faisoit profession, étoit du genre de celles que les hommes ne peuvent connoître par eux-mêmes, & sans révélation de Dieu. [a] Notre Seigneur dit encore, que les vérités qu'il annonce, *ont été cachées aux Savants & aux Sages du siecle, & qu'elles ont été révélées aux petits.*

Aussi les Apôtres annonçant ces vérités, ne se sont point mis en peine de les prouver par des raisonnements humains. [b] Ils ont reconnu, au contraire, qu'ils n'avoient point appris des hommes la doctrine qu'ils prêchoient, mais de Dieu même; qu'elle étoit inconnue aux Sages de ce monde; que c'est *l'esprit de Dieu qui pénetre tout, & même ce qu'il y a en Dieu*

---

[a] Matth. 11, v. 25.
[b] 1, Cor. 2, v. 10 & sequent.

de plus profond & de plus caché, qui l'a révélé; que l'esprit de l'homme peut bien connoître ce qui est en l'homme, mais que nul ne connoît ce qui est en Dieu, que l'esprit de Dieu; que l'on ne doit point se servir, pour l'annoncer, des discours de la sagesse humaine, mais de ceux de l'esprit de Dieu; que quoiqu'elle paroisse une folie à l'esprit de l'homme, & qu'il ne puisse la comprendre, ceux qui ont l'esprit de Jesus-Christ, en jugent par une lumiere spirituelle. [a] Ils ont averti les Fideles de ne pas se laisser surprendre par la Philosophie, & par des raisonnements vains & trompeurs, selon les traditions des hommes, & selon les principes d'une science mondaine, & non selon Jesus-Christ; [b] de ne pas se laisser surprendre à des doctrines étrangeres; [c] de ne point s'amuser à des

---

[a] Coloss. 2, v. 8.
[b] Hebr. 13, v. 9.
[c] Timoth. 1, v. 3 & 4.

fables & à des généalogies sans fin, qui servent plutôt à exciter des disputes, qu'à fonder par la foi l'édifice de Dieu dans les ames, & de fuir les questions impertinentes & inutiles, qui sont des sources de contestations : ce sont là les excellents préceptes de l'Apôtre saint Paul.

Les saints Peres ont usé de la même méthode dans l'explication de nos mysteres ; ils ne se sont point mis en peine de les prouver par la raison, mais seulement de les établir sur la révélation : ils ont, au contraire, assuré que, quoiqu'ils parussent opposés aux lumieres de la raison humaine, il falloit les croire ; qu'il ne falloit point en chercher la raison, mais les croire avec simplicité, & éviter les questions inutiles.

Le même motif pour lequel on ne doit point se servir des raisonnements pour prouver les mysteres, montre qu'on ne doit point non plus entreprendre de les expliquer par des principes de la Philosophie. Comme on doit se contenter de l'autorité pour les faire croire, il faut aussi, autant qu'on peut, les exposer dans la simplicité de la foi, de la même maniere, & dans les mêmes termes qu'ils ont été proposés. Il arrive cependant quelquefois des occasions dans lesquelles on est obligé de s'en écarter, pour déterminer le sens des termes & des paroles que les Hérétiques pervertissent; mais il n'en faut venir aux explications, que quand on y est absolument obligé, & le faire avec une grande modération. Cela supposé, quel jugement doit-on porter de ceux qui se plaisent à former sur nos mysteres une infinité de questions inutiles, qui ne servent, ni à l'instruction, ni à l'édification des Fideles, & dont ils font presque le capital de leur Théologie? C'est à ces sortes de Théologiens, qu'il faut appliquer ce beau mot de saint Augustin. [a] » Plusieurs, dit-il, disputent sur » des choses que nos Auteurs ont » passées sous silence avec beau- » coup plus de sagesse, & se met- » tent en peine de traiter des cho- » ses qui ne servent de rien pour » acquérir la vie heureuse : ce qu'il » y a de pire en cela, c'est qu'ils » y donnent un temps précieux, » & qui devroit être employé à » des choses plus salutaires. » Nous en voyons qui passent non-seule- ment plusieurs années, mais même toute leur vie dans cet exercice, & qui ne font jamais d'autre étu- de; qui ne se croient savants, qu'à proportion qu'ils sont versés & exercés dans les vaines subtilités; qui n'ont du génie que pour ces sortes de questions, & qui renon- cent entiérement à toutes les au- tres sciences. On peut mettre, pre- miérement, au rang de ces ques-

---

[a] *Augustinus*, lib. 2, *de Genesi ad litteram*, c. 9, n. 20.

tions, plusieurs de celles qui regardent le *quomodo* de nos mysteres, c'est-à-dire, comment le mystere s'est fait, de quelle maniere cela peut s'être fait. Les Peres ont toujours rejetté ces sortes de questions comme inutiles & comme téméraires. Si l'on dit que les Conciles ont souvent prononcé sur les questions du *comment*, par exemple, les Conciles d'Ephese & de Chalcédoine, sur l'union du Verbe avec la nature humaine, & par conséquent que ces questions ne sont pas du nombre de celles que l'on doit rejetter, il faut distinguer deux sortes de *quomodo* dans les mysteres : l'un regarde la substance du mystere même, & n'en est qu'une explication ; l'autre regarde les circonstances & la raison du mystere. L'Eglise a déterminé le premier ; mais elle n'a rien prononcé sur le dernier. Par exemple, l'Eglise a défini que l'union des deux natures en Jesus-Christ, s'étoit faite en une seule Personne; voilà la substance du mystere : ce n'est qu'une explication de ces paroles de l'Evangile, *le Verbe s'est fait chair*; mais elle n'a point déterminé de quelle maniere s'étoit faite cette union; & toutes les disputes les plus subtiles des nouveaux Théologiens sur cette question, ne l'ont point éclaircie.

Il faut encore remarquer qu'il y a des questions sur le *quomodo*, qui peuvent être de quelque utilité, & se décider par les principes de l'Ecriture, ou de la Tradition : nous ne prétendons point les mettre au rang des questions que l'on ne doit point agiter en bonne Théologie; nous ne rejettons que celles qui n'ont point de fondements, sur lesquels on puisse les décider, dans l'Ecriture-Sainte & dans la Tradition, & qu'on ne peut, par conséquent, considérer comme des questions théologiques. Telles sont toutes les questions de pure possibilité, comme celles-ci : *Si le S. Esprit ne procédoit pas du Fils, seroit-il une Personne distincte de celle du Fils ? Jesus-Christ seroit-il venu, si Adam n'eût point péché ? serions-nous obligés d'aimer Dieu, quand par impossible il ne seroit pas notre souverain bien ?* & plusieurs autres semblables. Pourquoi perdre son temps, & employer son esprit à faire des questions sur des choses qui ne peuvent jamais arriver, pendant qu'il y a tant de choses utiles qui regardent, & la foi, & les mœurs qu'on ignore entiérement ? Je mets encore au rang des questions inutiles, une infinité de questions sur des choses qui ne peuvent être prouvées, ni par la révélation, ni par la raison : en voici un exemple remarquable. La révélation ne nous apprend que très-peu de choses des Anges ; la raison nous en découvre encore moins, & cependant combien de questions les Scholastiques ont-ils formées sur ce sujet ?

Il s'en est fait de gros volumes, qui contiennent une multitude de questions touchant les principes qui les spécifient, les especes de leurs connoissances, leur durée, le lieu qu'ils occupent, leur mouvement, leurs opérations, leur maniere de se parler, les dons qu'ils ont reçus, leur état, & une infinité de choses de cette nature, qui n'ont aucun fondement que l'imagination de ceux qui se plaisent à former des idées de choses dont ils ne peuvent avoir aucune connoissance. Il faut y joindre, pour une raison contraire, quantité de questions de nom, qui sont également inutiles, mais faciles à décider, si l'on vouloit s'expliquer, & sur lesquelles on dispute avec chaleur, comme s'il s'agissoit de questions réelles & importantes. Telles sont la plupart des questions préliminaires; *si la Théologie est science, ou sagesse; si elle est subordonnée à la science des Saints*, & quantité d'autres. Enfin je mets au rang des questions qu'on doit retrancher de la Théologie, toutes les questions étrangeres & philosophiques de Dialectique, ou de Métaphysique, dont la Théologie des Scholastiques est remplie, & qu'on agite dans certaines Ecoles comme des points essentiels & capitaux. Ce sont ces sortes de questions que l'Apôtre S. Paul a rejettées, quand il avertit les Colossiens [a] *de prendre garde qu'on ne les surprenne par la philosophie & par de fausses subtilités, selon les traditions des hommes & les éléments de ce monde, & non selon Jesus-Christ*; & quand il avertit Tite [b] *de fuir ces folles questions, & ces contestations qui sont inutiles & vaines.* C'est en suivant cet esprit & la doctrine des Anciens, ,, que le Pape Grégoi- ,, re IX, dans la réforme de l'Uni- ,, versité de Paris, avertit les Théo-

[a] *Coloss.* 2, v. 8.
[b] *Ad Tit.* 3, v. 9.

» logiens de s'exercer dans la scien-
» ce dont ils font profession, de
» ne pas se montrer Philosophes,
» mais d'avoir soin d'être Théodi-
» dactes, & de n'agiter dans les
» Ecoles que les questions qui peu-
» vent être terminées par les Livres
» de Théologie & par les Traités
» des saints Peres. »

L'abus que Grégoire IX reprend, avoit commencé à s'introduire dans l'Université de Paris du temps d'Abailard, qui fut repris sur ce sujet par saint Bernard & par Gaultier de S. Victor. » Depuis ce temps-
» là, dit Tritheme, la Philosophie
» profane commença à souiller la
» Théologie par la curiosité inuti-
» le : » *ab hoc tempore Philosophia sæcularis sacram Theologiam suâ curiositate inutili fœdare cœpit.* Le mal, au lieu de diminuer, augmenta toujours, comme Etienne de Tournai [a] s'en plaint fortement.

[a] *Stephanus, Tornacensis Episcopus, Epist. 251.*

Depuis ce temps-là les Théologiens, qui ont défendu l'Eglise contre les Hérétiques, ont été obligés de se servir de l'Ecriture-Sainte & de la tradition, pour combattre leurs erreurs, & n'ont employé la Dialectique & la Scholastique, que pour former des arguments fondés sur ces deux principes; mais l'Ecole a toujours retenu quantité de questions plus Philosophiques que Théologiques, ce qui a donné lieu aux Hérétiques de décrier la Scholastique. Les Théologiens Catholiques l'ont défendue, non en approuvant cet abus, mais en soutenant que la vraie Théologie Scholastique ne consistoit point dans ces sortes de questions.

Voici de quelle maniere Melchior Cano, dont le nom est célebre & l'érudition connue, parle contre les questions inutiles & philosophiques de la Scholastique, en défendant même cette science : [a]

_____
[a] *Melchior Cano de locis theologicis*, lib. 8, cap. 1.

» Souvenez-vous, dit-il au Lecteur,
» que dans tout ce discours je ne
» défends de la doctrine de l'Ecole,
» que celle qui est fondée sur l'Ecri-
» ture-Sainte; d'où on doit con-
» clure, ce que je vais dire avec
» l'approbation de tout le monde,
» que la doctrine de l'Ecole, qui ne
» se défend que par le titre d'au-
» torité magistrale, est fort pitoya-
» ble; & que c'est une grande mi-
» sere, pour ne rien dire davantage,
» que de philosopher sur les choses
» divines avec des syllogismes sub-
» tils, sans se servir de l'autorité
» de l'Ecriture-Sainte. Que dis-je,
» des choses divines ? on dispute
» aussi dans l'Ecole, non-seulement
» des choses purement humaines,
» mais même des choses qui ne
» nous regardent nullement. Je veux
» dire qu'il y a dans l'Ecole de cer-
» tains Théologiens étrangers, qui
» ont résolu toutes les questions de
» Théologie par des arguments
» frivoles, & enlevé à des choses

» très-sérieuses tout le poids qu'elles
» pouvoient avoir, par les vaines
» & folles raisons qu'ils ont ap-
» portées ; de sorte qu'ils ont pu-
» blié des Commentaires sur la
» Théologie, dignes à peine de la
» lecture des vieilles femmes. Ces
» Auteurs ne citant que très-rare-
» ment l'Ecriture-Sainte, ne par-
» lant jamais des Conciles, ne rap-
» portant rien des Anciens, n'ayant
» pas même une Philosophie grave,
» & étant uniquement versés dans
» les disciplines puériles, veulent
» toutefois être appellés Théolo-
» giens Scholastiques, quoiqu'ils ne
» méritent pas seulement le nom
» de Scholastiques, & bien moins
» encore celui de Théologiens ; eux
» qui faisant entrer dans l'Ecole la
» lie des sophismes, excitent la ri-
» sée des savants & le mépris des
» délicats. Quel est donc enfin celui
» que nous appellons un Théolo-
» gien Scholastique ? C'est celui qui
» raisonne prudemment & docte-

en matiere de Religion. 89

» ment de Dieu & des choses di-
» vines, selon l'Ecriture & les saints
» Peres : si un homme n'a point
» cette qualité, il ne peut pas être
» Théologien de notre Ecole. Je
» sais encore qu'il y a dans notre
» Ecole certaines gens, comme nés
» pour la discorde, qui croient avoir
» parfaitement bien discouru, en
» parlant contre les Docteurs; de
» sorte qu'ils ne semblent pas tant
» avoir en vue de trouver la vérité,
» que de confondre leurs adversai-
» res, & de remplir leurs écrits
» de disputes & de contestations.
» Ces personnes, dont il y a un
» grand nombre dans l'Eglise, ne
» songent qu'à se battre, ou à se
» défendre ; & toutes leurs disputes
» Théologiques sont des différends
» & des démêlés de parti. Je ne puis,
» ni ne dois les approuver; car quoi-
» qu'on ne doive point blâmer ceux
» qui se réfutent charitablement,
» quand ils sont de différent senti-
» ment, toutefois ces disputes & ces

» contestations obstinées me sem-
» blent indignes de la Philosophie
» sacrée. Et dans un autre en-
» droit : [a] Les Professeurs de Théo-
» logie doivent éviter deux défauts
» condamnés par Cicéron : l'un, de
» faire passer des choses inconnues
» pour des choses connues, & des
» choses incertaines pour des choses
« certaines ; défaut dans lequel ces
» Théologiens sont souvent tom-
» bés. Les uns, par exemple, em-
» brassent les opinions de S. Tho-
» mas, ou de Scot, sans les exa-
» miner, & les défendent, comme
» s'il s'agissoit de la chose du monde
» la plus importante.... L'autre dé-
» faut est, de donner trop d'appli-
» cation à des choses obscures, dif-
» ficiles & inutiles : plusieurs des
» nôtres sont tombés dans ce défaut,
» en traitant avec étendue des ques-
» tions dont Porphyre même s'é-
» toit abstenu. Quelques-uns de nos
» Théologiens, moins modérés en

[a] *Idem ibid. lib.* 2, *cap.* 7.

en matiere de Religion.

« cela que Platon & Aristote, font
« de longs discours hors d'œuvre,
« sur des choses que les jeunes gens
« ne peuvent comprendre, ni les
« vieillards souffrir. Car qui pour-
« roit supporter les disputes des
« Universaux, de l'Analogie, des
« noms, du premier connu, du
« principe d'individuation, (car
« c'est ainsi qu'ils parlent) de la dis-
« tinction, de la quantité, de la
« chose étendue, de l'infiniment
« grand, & de l'infiniment petit,
« de l'infini, de l'intention & de
« la rémission, des proportions &
« des dégrés, & de mille autres
« choses que je n'ai jamais pu com-
« prendre, quoique j'aie eu l'esprit
« assez subtil, & que j'aie donné
« assez de temps & assez d'applica-
« tion, pour entendre ces choses?
« J'aurois honte, à la vérité, de
« dire que je ne les entends pas,
« si ceux qui les ont traitées, les
« entendoient. »

Il ne faut pas attribuer ces mauvais effets à la Philosophie & à la Dialectique, ni prendre delà occasion de les condamner, & de les interdire entiérement à un Théologien. On ne peut pas disconvenir à la vérité que ce ne soit là la source de tous les défauts que l'on blâme avec justice ; mais on ne doit pas néanmoins en conclure que l'on ne peut faire aucun usage de la Philosophie & de la Dialectique dans la Théologie, & qu'il ne faut jamais s'en servir : c'est une autre extrêmité dans laquelle il faut prendre garde de tomber. On doit juger de l'usage de la Philosophie, comme de celui de la raison ; puisque la Philosophie, à proprement parler, n'est qu'une raison cultivée & perfectionnée. Il ne faut pas entreprendre d'établir les mysteres qui sont au-dessus de la raison par des principes de la Philosophie ; ce seroit une témérité condamnable, comme nous l'avons fait voir : mais la Philosophie comprenant la connoissance naturelle que l'on peut avoir des choses divines, aussi-bien que des choses humaines, qui est ce qu'on appelle Théologie naturelle, il est indubitable que la bonne Philosophie peut être d'un grand usage pour la Religion.

Car, 1°. elle a servi aux premiers Apologistes de la Religion Chrétienne à faire voir la fausseté des Idoles & des Dieux que les Païens adoroient : elle a servi, & sert encore à prouver l'existence & l'unité d'un Dieu contre les Athées : on peut, en suivant ses lumieres, découvrir plusieurs choses qui regardent la nature de Dieu. On établit par ses principes la distinction de l'ame & du corps : ce sont des vérités que la Religion enseigne & suppose ; c'est un grand avantage que la Philosophie puisse les prouver.

2°. Les principes de la Philosophie morale sont conformes aux premiers préceptes du Décalogue & de l'Evangile. La saine & véritable Philosophie enseigne les vertus morales que la Religion perfectionne, & éleve à un dégré plus sublime. C'est encore un grand avantage de la Religion, qu'elle puisse se servir en ce point du secours de la Philosophie, pour apprendre aux hommes leurs obligations & leurs devoirs.

3°. La Philosophie sert à fixer la signification des termes d'Etre, de substance, d'esprit, d'hypostase, de personne, &c. dont l'Eglise s'est servie pour exprimer nos Mysteres. Elle est donc utile pour donner une idée, quoiqu'imparfaite, des vérités qui sont l'objet de notre foi.

4°. La Philosophie sert à juger de la vérité des propositions connues par la lumiere de la raison; & comme une vérité Théologique peut être déduite d'une proposition de foi, & d'une proposition connue pour véritable par la lumiere naturelle, la Philosophie sert à faire connoître, & à confirmer la vérité des propositions connues par la raison naturelle.

5°. La Philosophie apprend à connoître l'enchaînement, la connexion des propositions les unes avec les autres, l'ordre & la méthode qu'il faut garder dans la disposition des principes, des conclusions & des preuves. Elle apprend à définir & à diviser, disputer & discourir ; c'est ce qu'on appelle l'art de la Dialectique. Or on ne peut nier raisonnablement que cet art ne soit de grand usage à ceux qui sont obligés de défendre les vérités Chrétiennes, & à réfuter les objections des Infideles & des Hérétiques. Car, soit qu'il s'agisse de découvrir le vrai sens des passages de l'Ecriture, des Conciles & des Peres, & de les prouver d'une maniere incontestable, soit qu'il s'agisse de répondre aux sophismes des Hérétiques, & de les forcer dans leurs retranchements, soit qu'il s'agisse d'expliquer nettement, précisément & correctement la doctrine de l'Eglise, il paroît certain qu'il est très-avantageux d'être bon Logicien, & de traiter les choses avec ordre & avec méthode : & quand on ne considéreroit que la facilité de se faire entendre, & le soulagement de ceux que l'on enseigne, il faut convenir, dit S. Augustin, [a] que les raisonnements, les définitions & les divisions sont d'un grand secours à celui qu'on instruit. Il faut donc reconnoître avec le même Pere, que la Dialectique peut être d'un grand usage dans la plupart des questions que l'on peut former sur l'intelligence de l'Ecriture, touchant les dogmes de la Religion : [b] mais il faut aussi avouer qu'il est facile d'en abuser souvent, & qu'il faut bien prendre des précautions pour ne pas le faire.

La premiere, selon le même Pere, est d'éviter la démangeaison de dis-

[a] *De Doctr. Christ.* c. 37, n. 33.
[b] *Ibid.* c. 31, n. 88.

puter, & une certaine oftentation puérile de tromper fon adverfaire. Ce défaut n'eft que trop ordinaire à ceux qui s'enfoncent dans la Scholaftique ; leur efprit s'accoutume infenfiblement à ces fubtilités; il les aime, & en fait fon unique occupation & fon unique plaifir : delà vient cette démangeaifon de difputer à l'infini, & cette oftentation repréhenfible de demeurer victorieux, & de vaincre fon adverfaire dans toutes les difputes : c'eft le but, c'eft la fin de prefque toutes les conteftations les plus férieufes, je ne dis pas feulement de l'Ecole, mais même des Auteurs les plus qualifiés. On ne veut jamais céder, jamais avoir tort : & pour n'être pas obligé d'avouer qu'on s'eft trompé, on a recours à des fubtilités & à des raifonnements auxquels perfonne ne peut plus rien comprendre. On trompe fon adverfaire ; on lui donne le change ; on le mene par des routes inconnues ; on le jette dans de nouvelles difficultés, afin que, las du combat, il se retire: alors on prend son silence pour une fuite; on fait croire qu'il est vaincu: voilà l'ostentation puérile que saint Augustin veut qu'on évite.

Le second défaut est de faire son capital de la Dialectique, de négliger l'étude de l'Ecriture-Sainte & de la Tradition, & de se croire fort habile Théologien, quand on est subtil Dialecticien; c'est encore une erreur que saint Augustin condamne: Que les hommes se donnent bien de garde, dit-il, de croire que l'on sait les vérités qui conduisent à la béatitude, quand on sait conclure, définir & diviser: *Tantùm absit error quo videntur homines sibi ipsam beatæ vitæ veritatem didicisse, cùm ista didicerint.* La Dialectique n'est pas un principe de la Théologie; ce n'est point la source où l'on doit puiser les vérités de la Religion; c'est un instrument dont on peut se servir pour les entendre, pour les éclaircir & pour les défendre; c'est là l'unique usage qu'on doit en faire.

Le troisieme défaut est de traiter des questions de pure Dialectique, qui n'ont point de rapport aux vérités de la Religion. Nous avons déja fait voir combien ce défaut est condamnable.

Le quatrieme est de trop s'attacher à la méthode & aux termes de la nouvelle Dialectique, & de traiter les questions de la Religion d'une maniere seche & épineuse, dans des termes barbares, & souvent inintelligibles : il est certain que c'est un des grands défauts de la plupart des Théologiens Scholastiques; ils ont non-seulement négligé de traiter les matieres de la Religion avec la noblesse & la grandeur propre à les faire aimer & respecter; mais ils n'ont point fait difficulté d'en parler d'une maniere barbare, grossiere, seche, décharnée, capable d'en inspirer du dégout, & même du mépris. C'est ce qui éloigne tant de gens d'esprit de la scholastique, & qui en a donné tant d'aversion à ceux qui ont eu de l'amour pour les belles-lettres : on a cru que cette barbarie étoit essentielle à la scholastique, parce qu'elle regnoit dans les Ecoles, & que les Théologiens écrivoient presque tous de cette maniere ; mais on a dû revenir de cette erreur, quand on a vu les mêmes matieres traitées bien différemment par d'habiles Théologiens qui ont écrit avec toute l'élégance & l'ornement qui peuvent se rencontrer dans des ouvrages dogmatiques.

Quand les Peres, en suivant l'exemple & la doctrine de S. Paul, ont déclamé contre la Dialectique, ils n'ont blâmé que celle qui a quelques-uns des défauts dont nous venons de parler, & ils se sont servi de la bonne Dialectique, pour réfuter les Hérétiques, pour expliquer l'Ecriture-Sainte, & pour instruire les Fideles.

De quelque usage que soient les sciences dans la Théologie, on peut néanmoins en abuser : premiérement, en donnant trop de temps à la recherche des faits inutiles & curieux; ce qui peut arriver, aussi-bien à l'égard des matieres Ecclésiastiques, que des profanes : car il faut avouer que ce n'est pas un moindre abus dans la positive, que dans la scholastique, d'agiter avec chaleur des questions inutiles & étrangeres, qui ne servent, ni à l'établissement d'aucune vérité solide, ni à l'instruction, ni à l'édification des Chrétiens. Cependant combien voyons-nous à présent d'habiles gens faire leur unique occupation de ces sortes de questions, & traiter avec chaleur & avec étendue, des points fort peu importants de Chronologie, ou d'autres matieres semblables, qui ne sont que de pure curiosité, & dont la connoissance ne sert de rien à la doctrine, à la discipline, ou à la morale chrétienne ? Il ne faut pas néanmoins toujours négliger, ou mépriser ces sortes de questions ; elles sont souvent plus d'usage qu'on ne croit ; & pourvu que l'on n'en fasse pas son capital, qu'on ne les agite pas avec chaleur, & qu'on soit modéré dans cette recherche, le dessein de découvrir une vérité de fait qui peut avoir son utilité, est une excuse assez favorable. Ce qui n'est pas pardonnable en ce genre, est d'avancer, d'écrire, de soutenir, ou de croire légérement des faits faux, ou incertains, sous prétexte de piété.

Mais ce n'est pas seulement ces impostures grossieres, & les contes inventés & débités par des Auteurs indignes de foi, qu'un Théologien doit rejetter ; il ne doit pas même recevoir sans examen, comme remarque encore le même Auteur, tout ce que des Ecrivains considérables ont écrit ; parce que quelque habiles qu'ils soient, ils peuvent se tromper & être trompés. Il n'y a presque point d'Historien, à l'exception des Auteurs divinement inspirés, qui ne fournisse des exemples de faussetés, ou de méprises, dans lesquelles il est tombé, ou parce qu'il a eu de mauvais mémoires, ou manque d'attention, ou faute d'exactitude. On est donc en droit d'examiner la vérité des faits qu'il rapporte, & d'en juger par les regles de la critique ; mais il faut prendre garde d'éviter deux excès opposés : l'un, d'être trop hardi à rejetter comme faux, & sans preuves suffisantes, des faits rapportés par des Auteurs dignes de foi ; l'autre, de vouloir soutenir la vérité des faits rapportés par un Auteur d'ailleurs digne de foi, qui se trouvent détruits & convaincus, ou du moins fort suspects de fausseté, par des autorités, ou par des raisons pertinentes. Les Critiques nous donnent là-dessus des regles, que la prudence veut qu'on suive exactement.

La premiere est de Baronius; c'est de mépriser tout ce qui est avancé par un nouvel Auteur, sans être appuyé du témoignage d'un ancien Auteur, qui ait vécu du temps que la chose s'est passée, ou du moins peu de temps après. La raison de cette regle est évidente : ces nouveaux Auteurs ne peuvent pas avoir su par eux-mêmes des choses qui se sont passées long-temps avant qu'ils vécussent, s'ils ne les ont pas tirées d'Auteurs plus anciens; il faut donc qu'ils les aient inventées. On dira peut-être qu'ils ont pu les savoir par tradition; cela peut avoir lieu à l'égard de ceux qui ont vécu quelque temps après que ces faits sont arrivés : quand ce sont des faits insignes & publics, la mémoire a pu en subsister quelque temps sans que personne les écrivît; mais quand un long espace de temps s'est écoulé sans qu'on en ait conservé la mémoire par écrit, les traditions populaires qu'on allegue sont du moins très-incertaines, parce qu'on n'en sait point l'origine, & se trouvent souvent fausses. D'ailleurs le silence des Historiens pendant plusieurs années, est ordinairement une preuve que le fait étoit ignoré & inconnu ; par conséquent le témoignage d'un nouvel Auteur, qui rapporte un fait ancien sans l'appuyer, du témoignage d'aucun Auteur plus ancien, sur un bruit populaire, n'est d'aucune autorité, & l'on doit considérer ce fait comme faux & fabuleux.

On dira peut-être qu'il n'est pas impossible que ce fait ne soit véritable ; je l'avoue : mais il ne suffit pas qu'il puisse être vrai pour le croire : il faut qu'il y ait des raisons suffisantes pour le croire vrai ; & s'il n'y en a point, non-seulement on doit suspendre en cette occasion son jugement, mais encore rejetter un fait de cette nature, comme faux

& fabuleux : l'exemple suivant en fera convenir. Si quelqu'un assuroit qu'il y a un trésor dans un endroit, sans pouvoir dire de qui il le sait, mais seulement parce qu'il se l'est imaginé, ou parce qu'il l'a oui dire à des gens qui n'en pouvoient rien savoir; non-seulement on n'ajouteroit aucune foi à ce que cet homme diroit, mais on considéreroit son discours comme un conte & une fable. Cependant il n'est pas impossible qu'il n'y ait un trésor en cet endroit ; mais c'est assez que l'on n'en ait aucune preuve pour traiter cela de conte & de chimere. En matière de croyance de fait, tout fait qui n'est point autorisé, doit être rejetté, non-seulement comme incertain, mais même comme faux, ou fabuleux.

La seconde regle pour juger de la vérité des faits, est que l'Auteur qui les rapporte soit homme de probité & digne de foi, & qu'il ait pu voir, ou savoir les choses qu'il rapporte. Il faut qu'il soit homme de probité & digne de foi ; car si c'est un Auteur accoutumé à débiter des fables ; si c'est un homme sottement crédule, qui ait écrit tout ce qu'il a entendu dire, sans choix & sans discernement, qui se soit plu à recueillir des narrations incertaines, ou à composer lui-même des faits fabuleux ; si ce qu'il rapporte n'est appuyé de l'autorité de quelque autre Auteur, on ne doit pas y ajouter beaucoup de foi, par la regle que *mendaci etiam vera dicenti non creditur*. Mais quand c'est un homme de probité & digne de foi, qui rapporte un fait dont il est témoin oculaire, il n'y a pas lieu d'en douter, à moins qu'on n'ait des preuves positives qu'il a été surpris, que le fait ne soit d'une nature dans laquelle on ait pu le surprendre, & qu'il y a d'ailleurs lieu de croire qu'il l'a été. Dans les faits qu'il rapporte sur la foi des autres, il doit aussi être cru, quand ce sont des faits publics sur lesquels on n'a pas pu lui en imposer. Mais quand ce sont des faits particuliers & secrets, la vérité du fait dépend de l'autorité de ceux qui les lui ont appris.

Pour bien entendre ceci, il faut donner pour une troisieme regle qu'il y a des choses plus croyables par leur nature les unes que les autres. Il y a des faits sur lesquels on ne peut pas imposer aux Historiens, & sur lesquels ils n'ont pas pu eux-mêmes imposer aux autres; ce sont ces faits publics, éclatants, connus de tout le monde : il est impossible qu'un Auteur soit alors trompé, quant à la substance du fait, quoiqu'il puisse l'être sur les circonstances, & il est impossible qu'un homme soit assez impudent pour vouloir en imposer aux autres sur ces faits. Il y en a de particuliers connus de peu de personnes, ou du seul Historien. À l'égard des premiers, ils sont encore assez certains, quand ils sont rapportés par des gens qui ont vécu parmi ceux qui les ont vus & connus; les derniers dépendent de la bonne foi de l'Auteur, ou de ceux qui les lui ont rapportés. Mais entre ces faits il y en a de plus croyables de leur nature, savoir ceux qui sont ordinaires, & qui sont rapportés par des témoins non suspects, qui n'avoient point d'intérêt de les inventer : d'autres moins croyables, qui sont des faits extraordinaires rapportés par des personnes qui avoient intérêt qu'ils fussent vrais.

C'est cet intérêt de parti, ou de quelqu'autre passion, qui fera le sujet de la quatrieme regle : les Historiens sont d'autant plus croyables, qu'ils ont moins de partialité. Quand la haine, ou l'amitié les fait parler, ils sont sujets à exagérer, & à donner un tour avantageux, ou malicieux à ce qu'ils rapportent : la chaleur de la dispute les porte quelquefois à se faire des reproches qui ne sont pas tout-à-fait véritables; & il est arrivé assez souvent que l'on voit des personnes qu'on a lieu de croire de bonne foi, ne pas convenir des choses qu'ils s'imputent les uns aux autres. Il ne faut pas néanmoins conclure que dès qu'une personne est partie dans une question, elle devient indigne de foi; par exemple, qu'on ne devroit rien croire de ce que les Peres disent des Hérétiques & de leurs erreurs, parce qu'ils écrivent contre eux; ce seroit tomber dans une extrêmité dangereuse; la bonne-foi & la probité des saints Peres ne nous laissent pas lieu de croire qu'ils aient calomnié manifestement leurs adversaires; & d'ailleurs quand cela ne seroit pas, il y a des faits qui doivent passer pour constants, quoiqu'ils ne soient rapportés que par les ennemis les plus passionnés, savoir des faits notoires & publics, qu'il n'est pas croyable qu'on puisse inventer, & qui seroient sur le

en matiere de Religion. 111

champ convaincus de fausseté, s'ils n'étoient pas vrais; il est rare que des hommes, quelque méchants qu'ils soient, osent les avancer, bien loin qu'on puisse rien soupçonner de pareil des personnes qu'on sait avoir eu de la droiture & de la probité.

La cinquieme regle pour juger de la vérité & de la certitude d'un fait, est l'accord des Ecrivains contemporains sur ce sujet : il doit passer pour certain quand plusieurs Auteurs du temps le rapportent comme véritable; mais il n'a pas la même certitude quand les uns l'approuvent & que les autres le rejettent; alors il faut se déterminer, ou par la qualité des témoins, & suivre le sentiment de celui qui a pu mieux savoir la chose; ou par les circonstances de l'Histoire du temps, qui rendent le fait plus ou moins vraisemblable.

Le sixieme moyen de juger de la fausseté d'une Histoire, se tire de l'Histoire même, qui ne peut s'accorder avec la Chronologie du temps, ou avec d'autres faits incontestables. On supposera, par exemple, que deux hommes se sont vus, quand ils ont vécu constamment en différents temps : on dira qu'une telle chose s'est passée sous un tel Roi, ou sous un tel Prince, qui étoit mort long-temps auparavant : on placera cet événement dans une ville qui n'étoit pas encore bâtie, ou dans quelque Royaume qui n'étoit pas établi ; ce sont des preuves de la fausseté du fait rapporté dans ces circonstances. Il peut se faire quelquefois que l'on se soit trompé seulement dans les circonstances, & que le fond de l'Histoire soit véritable ; mais quand le fait principal ne sauroit se soutenir qu'on ne tombe dans un anachronisme manifeste, il faut alors l'abandonner ; c'est se rendre ridicule que de s'opiniâtrer à le défendre.

Après avoir vu les Savants dans

l'Ecole, voyons-les traiter la Religion dans la Chaire de vérité, on y entend prononcer des discours fleuris ; la morale est brillante & polie, la déclamation est étudiée, & l'extérieur, qui n'est rien moins que celui d'un Apôtre, annonce qu'on veut plaire, & qu'on se prêche soi-même.

La vanité y paroît quelquefois sous une figure différente. Tel qui fait le sévere, & qui, pour renoncer à l'ambition mondaine, s'est revêtu de l'habit de la pénitence, cherche, en prêchant la parole de Dieu, l'approbation du siecle, avec lequel il a fait divorce. Ce ne sont pas les conversions, mais les applaudissements qu'il demande : refusez-lui vos éloges, & vous éprouverez ce que j'avance.

La vanité de parler en matiere de Religion, est un poison très-subtil & très-commun. *Plus on est savant*, dit S. Isidore, *plus on en est infecté, si la vertu ne corrige ce défaut.* On n'est donc pas surpris de trouver dans les compagnies des Savants qui parlent de Dieu avec un air de présomption ! Ceux-ci sont comme les oracles des maisons où ils sont reçus favorablement, & avec une satisfaction exacte de part & d'autre. Ces Prédicateurs domestiques débitent, d'un ton mystérieux, tout ce qu'ils savent, & souvent ce qu'ils ne savent pas, tandis que la compagnie les écoute avec admiration. C'est dans ces occasions particulieres, que la présomption va quelquefois trop loin; & où, pour dire des choses extraordinaires, l'esprit de curiosité fournit des entretiens qui apprennent plutôt à douter de tout, qu'à se confirmer dans les saintes maximes de la Religion.

Toute cette vanité des Savants, dont la langue découvre le fond du cœur & de l'esprit, est un vice moins étendu que l'autre dont je les ai accusés, je veux dire, de parler de la Religion avec des vues

en matiere de Religion.

intéressées. Chaque Savant a ses vues propres, conformes à son esprit & à ses engagements.

Un Savant, par exemple, explique la Religion, un Ecclésiastique la prêche publiquement, ou en parle en particulier, & ils ne regardent cet exercice que comme un métier; esprits mercenaires, bornés par le lucre qui leur en revient; chagrins, si le nombre, ou la qualité de leurs disciples & de leurs adhérents vient à décroître; jamais contents de retirer seulement ce que S. Paul leur permet de recevoir pour le service qu'ils rendent à l'Autel; insatiables jusques dans la maniere dont ils s'expliquent là-dessus, & dignes de la malédiction que les Apôtres donnerent à Simon, pour avoir confondu l'argent & les choses saintes. Ce sont là des vues d'un intérêt bas & sordide.

Un Docteur du premier ordre, un Ecclésiastique de qualité, vous parlera de Dieu & des devoirs de la Religion, en fera des leçons, prêchera à la Cour, & tout cela souvent en vue de se frayer un chemin à la fortune; ce sont de grands intérêts qu'on ménage noblement: souvent même on les laisse deviner sans s'en expliquer; on cherche à faire remarquer & distinguer son mérite, on y rend les autres attentifs, & on ne doute pas qu'il ne soit alors bien récompensé.

Voici des vues plus grossieres que les autres; elles ne les paroissent pas d'abord, elles sont aussi plus dangereuses. Les siecles précédents en ont eu des exemples, sous le titre spécieux de *Gnostiques*, ou d'*Illuminés*. Nous en avons eu de nos jours dans les *Quiétistes*, qui ont fait horreur. Il est surprenant, en effet, qu'on parle de Dieu & de la Religion pour en abuser; qu'on s'en serve pour engager les autres dans les désordres les plus honteux; que la direction des consciences, les entretiens de piété, les lumieres de l'oraison & le repos en Dieu, soient employés pour inspirer le déréglement à des ames chrétiennes.

Je n'entrerai pas dans ces mysteres d'iniquité. Faisons seulement une réflexion ; c'est que la vraie piété n'en doit pas souffrir, ni être moins estimée par-tout où on la trouve dans le monde. Ce sont deux excès également blâmables, que d'abuser des graces du ciel, d'autoriser les désordres dans l'exercice des saintes pratiques de la Religion, ou d'interdire ces pratiques, & de les condamner absolument. On ne défend point l'usage des éléments, quoiqu'il arrive des incendies & des naufrages.

Les dernieres vues d'intérêt où l'on surprend les Savants, sont celles des partis qui se forment en matiere de Religion, & l'esprit y a beaucoup de part. On ne parle souvent des sujets de Religion, que pour les accommoder aux intérêts de son parti; on ne s'entretient des dogmes, que pour en disputer, au lieu d'en instruire les Fideles, conformément à l'Ecriture & à la Tradition. L'Ecriture & les Peres ne sont employés que pour y choisir ce qui plaît, & supprimer ce qui fait contre nous, que pour les amener à son sens & à celui de son parti.

Les assemblées des Savants ont leurs prosélytes; le nombre s'en augmente: on leur apprend la langue de la cabale; on critique tout ce qui lui est opposé; on parle avec honneur de ce qui la favorise. Le soin & le zele de ceux qui s'occupent à l'accroître dans le monde, trouvent leurs récompenses chez les dévotes du parti, & qu'on comble d'éloges éclatants, & proportionnés à leurs libéralités.

Quelle fureur, quand l'esprit de nouveauté vient à s'échauffer! Quels désordres ne cause-t-il pas, lorsqu'il met en mouvement des langues propres à séduire les ignorants, & toujours prêtes à blasphémer contre les Puissances établies de Dieu, pour préparer ainsi la voie à la violence, qui maintient ce que les discours séditieux ont annoncé ? Voyez les mouvements des Donatistes, des Ariens, des Iconoclastes, des Albigeois, des Hussites. Les noms de Luther & de Calvin sont plus connus. L'Allemagne & les peuples du Nord nous diront ce que leur a coûté la jalousie furieuse du premier, lorsqu'elle l'anima à prêcher contre les Indulgences accordées par Léon X, & publiées par les Dominicains. L'Histoire de France, sous les derniers regnes, ne nous apprend-t-elle point à détester la mémoire de Calvin, dont les emportements ont été sur le point de désoler tout le Royaume ?

Enfin il est des Savants foibles & lâches, qui ne parlent point assez de la Religion; quelques-uns d'eux n'osent se déclarer. Une prudence politique retient les autres; ils craignent de se commettre : c'est en plusieurs, indifférence & neutralité, conduite imprudente & pernicieuse. Peut-il y avoir quelque parti à prendre entre l'erreur & la vérité, entre Dieu & ce qui lui est contraire ?

Je terminerai ce Chapitre, en disant un mot des Savants dans le Corps Ecclésiastique, qui croient se faire un mérite de parler de la Religion, sur le même ton que les gens du monde, qui sont les premiers à tourner en ridicule sa croyance & ses maximes : ils entendent mal leurs intérêts; on paroît applaudir à leurs mauvaises plaisanteries, à leurs discours profanes; mais ils perdent beaucoup de l'estime qu'on pouvoit avoir conçue pour eux. Le monde, tout injuste qu'il est, ne l'est point en tout. Il remet toujours à sa place un Ecclésiastique qui en sort, & il le méprise

méprise intérieurement, quand il le voit se respecter assez peu lui-même, pour parler mal de son état. En effet, un Ecclésiastique de cette espèce est, ou un fourbe, qui professe & porte les marques extérieures de Ministre d'une Religion à laquelle il ne croit pas, ou un mal-honnête homme; puisque s'il y croit, il la déshonore, & qu'il jouit en ingrat des fruits qu'elle lui procure.

CHAPITRE XIV.

Remèdes aux défauts des Savants, dans leur manière de parler de la Religion.

LEs Savants du monde veulent-ils corriger les défauts de leur langue? toutes les regles que j'ai marquées pour principes du silence, leur sont presque nécessaires. La septieme leur convient particuliérement : *Quand on a quelque* chose importante à dire, on doit y faire beaucoup d'attention. Il faut se la dire à soi-même; & après cette précaution, se la redire, de crainte qu'on n'ait sujet de se repentir, lorsqu'on n'est plus maître de retenir ce qui a été déclaré. La Religion étant assez ordinairement le sujet de l'entretien des Savants, c'est pour eux un sujet assez important, & qui mérite bien qu'ils y pensent.

Mais comme c'est une nation fiere & délicate que celle des Savants, il est bon de leur marquer en détail leurs obligations conformes à nos regles, par les paroles mêmes des saints Interpretes de la Loi de Dieu, qu'ils doivent regarder comme leurs modeles.

[Veillez sur vous, disoit saint Paul, [1 ad Timoth. 1 ad Corint.] ayez soin d'enseigner les autres; mais ne le faites point avec des discours si recherchés; n'employez point ces termes pompeux dont l'éloquence humaine se sert pour persuader ce qu'elle propose ; ne comptez jamais sur votre sagesse, ni sur votre habileté à parler, de crainte que la Religion n'en souffre à l'égard de ceux qui vous écoutent. Le malheur en tomberoit sur vous ; car il est écrit que Dieu confondra la sagesse des sages, & qu'il rejettera la prudence de ceux qui s'en glorifient.] Parlez simplement, chrétiennement & efficacement.

Ce sont les conseils de l'Apôtre; c'est ce qu'il pratiquoit lui-même en expliquant la Religion ; & voilà déja bien du silence pour l'école, puisqu'il faut en retrancher le faste, la vanité, dans les questions où l'on expose la Loi de Dieu.

Ce n'est point assez. [Ne vous arrêtez point à des disputes de paroles, dit le même Apôtre, [ad Timoth.] car elles ne servent qu'à pervertir ceux qui les écoutent ; ayez soin de vous rendre digne de l'approbation de Dieu dans votre ministere ; que rien ne vous y fasse rougir; soyez un fidele dispensateur de la vérité; évitez les vaines & profanes nouveautés de doctrine, car elles ne font qu'accroître l'impiété.]

Voilà encore un grand accroissement de silence, de proscrire ainsi des disputes scholastiques, les questions inutiles & les opinions nouvelles.

A ces conditions proposées par l'Apôtre, les maîtres & les disciples peuvent parler de la Religion; leurs exercices n'auront rien que de solide, d'édifiant & de conforme aux regles de bien se taire & de bien parler.

Il est déplorable, dit Sidonius, *de voir un homme s'engager à enseigner, avant que d'avoir appris, & annoncer la vertu avant que de l'avoir pratiquée : c'est un arbre stérile qui ne porte pas de fruit, & qui répand seulement autour de lui des feuilles seches.*

Comment pourroient voler, dit saint Grégoire, *de jeunes oiseaux* qui n'ont, ni force, ni plumes ? S'ils veulent s'élever en haut, ils tombent à terre.

La regle du silence des jeunes Prédicateurs qui se produisent trop tôt & trop légérement, doit donc être celle-ci. Qu'ils n'annoncent l'Evangile aux Fideles, que lorsqu'ils posséderont les qualités que l'Apôtre & les Peres exigent pour ce redoutable emploi. En attendant, ils auront le temps de se taire, & d'apprendre à bien parler.

Ceux qui sont plus avancés en âge, mais aussi esclaves de la vanité, *parce qu'ils se voient en possession d'être élevés au-dessus des autres, & qu'en les regardant au-dessous d'eux, ils leur parlent avec un esprit de domination, & non avec charité;* [S. Bernard.] ceuxlà, dis-je, & les autres Ministres de la parole de Dieu, sous quelque habit & sous quelque couleur que se cache leur présomption, trouveront, dans les réflexions suivantes, des pratiques de silence qui leur seront utiles.

1°. Qu'ils ne parlent jamais d'eux, ni de leurs talents réels ou imaginaires : ce n'est point eux-mêmes, mais J. C. qu'ils doivent annoncer.

2°. Qu'ils n'affectent point dans leurs discours, par une autre extrémité vicieuse, de s'abaisser pour se faire estimer ; c'est l'artifice d'un orgueil délicat ; *& si l'humilité est une vertu glorieuse*, dit S. Bernard, *dont le superbe même emprunte les traits pour couvrir sa laideur*, un Prédicateur de l'Evangile a beau se déguiser, *il se rencontre toujours quelqu'un assez pénétrant pour démêler ce qui se passe dans l'esprit de celui dont il écoute la parole*. [Saint Ambroise.]

3°. Si le Ciel bénit son travail, s'il permet qu'il ait l'approbation du Public, alors le silence du Prédicateur, son anéantissement devant Dieu, son mépris des louanges du monde, doivent répondre

en matière de Religion. 127
pour lui, que *la gloire en est due à celui seul de qui vient tout ce qu'il y a de bon & de louable dans les créatures, & qui choisit ordinairement les plus foibles pour être les instruments de sa gloire.* [S. Jacques.]

Les Savants intéressés retrancheront de leurs discours tout ce qui peut avoir quelque rapport à un vil intérêt, comme sont les retours sur eux-mêmes, en parlant de la Religion ; les déclarations indirectes ; les manieres de s'expliquer, qui font entrevoir ce qu'on veut laisser comprendre ; les foibles refus, tous vices ordinaires, particuliérement aux faux Directeurs des ames, dont la conduite est différente de celle du bon Pasteur. Celui-ci donne tout, jusqu'à sa vie, pour son troupeau, & tel regarde son troupeau comme un héritage considérable.

Mais comment fermer la bouche aux hypocrites, à ces hommes perdus d'honneur & de conscience, qui abusent des plus saintes maximes de la Religion pour corrompre les Fideles ? Un silence éternel, accompagné des larmes de la pénitence, ne sera pas trop long pour réparer les désordres qu'ils auront causés, & pour fléchir la colere de Dieu. Je ne connois point de remede plus doux à la griéveté de leur mal.

On prenoit autrefois une voie fort courte, pour faire taire ceux qui détournoient les Fideles du culte établi pour honorer le vrai Dieu. On lapidoit ces impies, suivant l'ordre de la Loi ancienne ; on n'épargnoit, ni parents, ni amis. Il y a encore aujourd'hui des Royaumes, où l'on emploie le fer & le feu contre l'hérésie & l'impiété. Ces moyens sont certainement rigoureux ; mais en voici de plus doux & de plus conformes à l'esprit de la Religion.

1°. Penser, dans la tranquillité d'un silence salutaire, loin du bruit du monde, combien l'esprit de l'homme est borné ; quelle est sa foiblesse, & à combien d'erreurs il est exposé depuis l'égarement du premier homme.

2°. Considérer qu'il n'y a cependant qu'une voie, une foi, une loi, une vérité qui conduisent au terme proposé à l'homme; c'est de connoître un Dieu, & de l'adorer par le culte qu'il a prescrit.

3°. Réfléchir sérieusement sur soi-même, & craindre qu'au milieu de tant d'erreurs & de voies si différentes, on ne s'écarte du droit chemin, & qu'on ne suive les maximes d'une Religion qui conduit au mensonge & au déréglement.

4°. Dans cette appréhension, douter, parler peu, chercher la vérité, vouloir la connoître, prier, se faire instruire, & s'entretenir dans une sainte inquiétude, jusqu'à ce qu'il plaise à Dieu de la calmer, comme il arrivera infailliblement, si l'esprit & le cœur sont parfaitement soumis à la Providence, qui veille sur les hommes, & qui ne peut les tromper.

5º. N'attendre point de lumieres sures, ni des livres, ni des entretiens où dominent la passion & le zele de parti.

6º. Eviter tout ce qui est capable de favoriser les premieres inclinations, de crainte que le sang, la vanité, l'intérêt, le libertinage ne l'emportent sur la vérité.

7º. Distinguer soigneusement ce qui est essentiel de ce qui ne l'est pas ; ce qui est abus, de ce qui est dans le fond une sainte pratique ; ce qui regarde les personnes, de ce qui touche les choses ; ce qui est nouveauté, de ce qui est établi & confirmé par une autorité ancienne & légitime.

8º. Après ces sages précautions, juger ce qu'on conseilleroit, comme le plus assuré, à un véritable ami, qui demanderoit un avis pour le suivre ; se représenter par avance ce qu'on voudroit avoir dit & avoir cru sur la Religion, lorsqu'on sera au moment de la mort & à celui du jugement de Dieu. C'est précisément ce qu'il faut choisir, & sur quoi les Savants qui s'égarent, doivent régler leurs discours & leur silence.

Je n'ajouterai plus qu'un conseil pour les Savants, qui, par foiblesse & par lâcheté, ou par un esprit de neutralité coupable, laissent opprimer la Religion. Qu'ils se souviennent du *quatrieme principe* que j'ai rapporté au commencement de cette Instruction, & qu'ils y fassent une sérieuse attention.

Il n'y a pas moins de foiblesse, ou d'imprudence, [j'ajoute en matiere de Religion, il n'y a pas moins de crime,] *à se taire, quand on est obligé de parler, qu'il y a de légéreté & d'indiscrétion à parler, quand on doit se taire.*

Plût à Dieu qu'à l'égard de la Foi, comme à l'égard de la charité, la tiédeur fût bannie du Christianisme ! Parlez clairement & sagement, qui que vous soyez, qui prétendez être du nombre des vrais Fideles. Il n'y a point de neutralité, ni de *tiers-parti* en matiere de Foi.

CHAPITRE XV.

Défauts des ignorants dans leur maniere de parler de la Religion.

ON reconnoît facilement les défauts de ceux-ci aux traits que j'ai employés, pour peindre le Peuple stupide, superstitieux, ou téméraire en matiere de Religion ; car l'ignorance est l'origine de la plupart de ces fautes. Ce que j'ai dit sur le silence des personnes jeunes, ou avancées en âge, qui ont négligé de se faire instruire, marque encore le caractere dont il s'agit ici ; car l'ignorance est de tous les temps, & elle se trouve dans toutes les conditions de la vie. Mais il est dans le monde une espece d'ignorants que je distingue dans cet article, comme ils se distinguent eux-mêmes parmi les autres.

Ce sont des personnes qui s'érigent en Docteurs de la Loi, quoiqu'elles n'entendent, ni ce qu'elles lisent, ni ce qu'elles osent assurer. Que vous êtes heureux, disoit une troupe de femmes pieuses & ingénues à un de ces prétendus Docteurs ! que vous êtes heureux ! & qu'avez-vous fait à Dieu, pour avoir tant de lumieres ? Vous savez la Loi & les Prophetes ; vous parlez comme l'Ecriture ; vous expliquez l'Evangile comme un maître ; il y a bien du plaisir à vous entendre.

C'étoit néanmoins un ignorant, que cet Evangéliste nouveau ; du reste homme réglé & craignant Dieu, mais incapable de parler exactement des Mysteres, dont il aimoit tant à discourir. Il étoit si disposé à se croire, sur la parole des autres, un habile homme, qu'il découvroit, sans façon, ses sentimens, par la réponse qu'il faisoit aux louanges qui lui étoient données. [Voyez-vous, repliquoit-il aux personnes qui l'admiroient, c'est vous qu'il faut nommer heureuses. Vous êtes ignorantes, & vous aurez moins de compte à rendre à Dieu, que nous qui avons des lumieres ; mais ayez de l'humilité, & profitez de ce que vous disent ceux qui en savent plus que vous.] La simplicité de cet homme, qui, en ce point, égaloit son ignorance, le faisoit parler ainsi avec beaucoup de naïveté.

Quand, en place de la simplicité, vous verrez joindre à l'ignorance une vanité artificieuse, ou d'autres passions plus fortes, alors ces Docteurs de la Loi feront un personnage bien différent. Peu satisfaits d'imposer à des personnes simples, ils aspireront à quelque chose de plus considérable. Malgré leur incapacité, il n'y aura rien qu'ils n'osent tenter ; quelques intrigues, & beaucoup de démonstrations de zele, les aideront à se produire, & un peu de mémoire suppléera au défaut du jugement & de l'esprit.

Si c'est un Protestant, fût-ce un simple artisan, ou une femme du commun, ce sera une scene nouvelle d'entendre ce que le peu de lumiere qui éclaire ces esprits égarés, leur donnera lieu de penser & de dire.

Persuadés faussement qu'ils sont les élus de la Loi nouvelle, les brebis qui entendent la voix du bon Pasteur, les enfants légitimes du Pere de famille, qui, selon leurs idées, veut seul leur enseigner la Loi, sans l'aide de l'Eglise, ni des Pasteurs qui la gouvernent; ils vous diront que c'est à chacun d'eux en particulier, à juger de leur Religion, à faire le discernement de la vraie parole de Dieu, à la distinguer de celle des hommes; que parmi eux chaque Fidele a sa grace & sa lumiere, dont la vertu propre est de lui découvrir les mystères de la Foi, & la vérité de la Religion.

Ainsi vous parleront ces hommes inspirés, & ils vous rappelleront cent fois à l'esprit qui les instruit, parce que leurs Pasteurs leur répetent sans cesse qu'il faut en demeurer là : c'est le fond de leur persuasion intérieure ; c'est la voie la plus courte pour s'imaginer comprendre tout, répondre à tout, quelque ignorant qu'on soit dans la Religion.

En vain leur représenterez-vous qu'il est vrai que Dieu parle intérieurement au cœur, par la grace donnée aux hommes pour croire ; mais que J. C. nous renvoie aussi à l'Eglise pour nous instruire ; qu'il assure que c'est écouter sa voix, que d'entendre ses Pasteurs, & d'être soumis à leur conduite ; que l'Eglise est l'interprete de la parole divine ; que les Apôtres, remplis de l'esprit de Dieu, se sont cependant assemblés & consultés sur les questions difficiles de leur temps; précaution qui eût été très-inutile, s'ils avoient cru qu'il y eût une regle certaine & aisée à suivre, c'est-à-dire, l'esprit intérieur, &c.

En vain ajouterez-vous que cet esprit intérieur est un étrange esprit; qu'il ne ressemble guères à l'esprit de vérité; qu'il a été bien turbulent & bien inquiet dans les premiers mouvements; qu'il a paru bien trompeur dans leurs premiers Ministres, érigés, en cette qualité, par une troupe d'artisans, au milieu desquels ces Docteurs nouveaux paroissoient la Bible à la main, comme des Anges exterminateurs de l'Eglise Romaine; que cet esprit intérieur est bien sensuel, puisqu'il ne peut souffrir, ni jeûne, ni austérité; qu'il est bien contraire à lui-même, dans les Chefs des Sectes d'où les Prétendus Réformés ont tiré leur origine, & de chaque Secte en particulier, dont les Docteurs s'accordent si peu dans les choses essentielles; que ces bisarreries ne sont point du bon esprit, & qu'on n'y trouve point le caractere de l'esprit de Dieu, esprit réglé, paisible, charitable, humble, & toujours immuable.

Ces vérités solides ne les toucheront point; ils en reviendront à leur grace, à leur sens particulier, & peut-être que des miracles ne pourroient changer l'esprit intérieur qui les possede & les égare. Voilà ce que l'ignorance fait entendre dans la bouche d'un simple Prétendu-Réformé; & il assurera ce qu'il avance avec autant de fermeté, que s'il étoit un Apôtre de l'Eglise de Jesus-Christ.

CHAPITRE XVI.

Remedes aux défauts des ignorants, dans leur maniere de parler de la Religion.

JE les renvoie aux moyens les plus doux, que j'ai indiqués, à la fin du Chapitre des Savants, pour apprendre à choisir plus sagement leur parti, lorsqu'ils sont égarés dans la Foi, & à bien gouverner leur langue en matiere de Religion.

Les autres ignorants, dont j'ai parlé, trouveront aussi leurs regles de silence dans les articles du Peuple, des jeunes gens & des vieillards. Les mêmes défauts ont besoin des mêmes remedes, & les répétitions seroient ennuyeuses. Ce n'en sera point une inutile, de rappeller ici que les jeunes gens ne doivent parler de la Religion que pour s'en instruire & pour édifier; les personnes avancées en âge, pour servir d'exemple ; les Grands, pour autoriser la loi du Seigneur ; le Peuple, pour en suivre les maximes ; les Savants, pour l'enseigner ; les ignorants, pour l'apprendre & la respecter. A ces conditions le monde peut parler de la Religion ; hors de-là, il faut s'en tenir aux regles de silence qui ont été proposées.

N'omettons pas ici une réflexion à laquelle toutes les personnes précédentes, sont intéressées dans le monde. C'est un vice qui leur est commun, lorsqu'elles veulent s'expliquer sur des abus contraires à la piété, & se défendre des reproches qu'on leur fait, sur des maximes opposées aux principes & aux pratiques de la Religion. Quelqu'un qui se sentoit pressé sur ce qu'il avoit avancé, qu'il n'est pas possible de vivre parmi les hommes, sans que la moitié se moque de l'autre, il répondit : *Selon Dieu, j'avoue que cela n'est pas bien; selon le monde, il est mal-aisé de faire mieux.*

On entend dire chaque jour: *Quel moyen de souffrir une injure? Selon le monde, c'est être déshonoré; & la Religion à part, c'est un grand plaisir que celui de se venger.*

Ainsi on parle de Dieu & du monde, comme si c'étoient les deux regles de la conduite des hommes; qu'il fût permis d'avoir l'une ou l'autre en vue, & de s'y conformer selon les différentes conjonctures de la vie. L'idée seule de cette comparaison est condamnable; mais ce qui surprend le plus, est d'entendre quelquefois des personnes raisonnables, en toute autre chose, & d'une conduite assez réguliere, parler en cela comme les autres. On ne peut approuver ceux qui mettent ainsi, de sens froid, *la Religion à part*, & *Dieu & le monde en comparaison*. Nous n'avons été créés que pour parler & agir *selon Dieu* dans le monde, mais non *selon le monde*, ni selon ses maximes, quand elles sont contraires à la Religion.

Un silence éternel seroit préférable à des discours fondés sur des maximes si pernicieuses.

Venons à la maniere de s'expliquer, par les Ecrits & par les Livres: c'est un sujet de réflexions non moins importantes que celles dont je viens de parler.

L'ART
DE SE TAIRE,
PRINCIPALEMENT
EN MATIERE DE RELIGION.

SECONDE PARTIE.

Conduite pour s'expliquer par les Ecrits & par les Livres.

PARLER mal, parler trop, ou ne pas parler assez, sont les défauts ordinaires de la langue, comme on l'a démontré. Je dis, à proportion, la même chose, au sujet de la plume. On écrit mal ; on écrit quelquefois trop, & quelquefois on n'écrit point assez. On comprendra aisément, après ce que j'ai rapporté des défauts de la langue, l'application qu'on doit en faire aux défauts de la plume. Je n'ai point dessein de composer une critique longue, peut-être indiscrete, des Livres dont les Bibliotheques sont remplies.

Je m'arrête seulement à cette pensée, que le silence seroit très-nécessaire à un grand nombre d'Auteurs, soit parce qu'ils écrivent mal, ou parce qu'ils écrivent trop; & ce seroit un bien très-utile, si les Ecrivains solides & judicieux, qui aiment trop à se taire, donnoient plus souvent au Public des instructions sages & importantes.

Pour être convaincu de ces vérités, relativement aux trois sortes d'Auteurs que j'ai marqués, voici l'idée qui me vient dans l'esprit; ce seroit de faire dans le monde
une

une réforme générale des Ecrivains. Il faudroit commencer par une recherche exacte & sévere, à peu près comme on en use quand il s'agit d'exterminer d'un pays les empoisonneurs, ou de bannir ces hommes qui travaillent à corrompre la monnoie dans un Etat. Que d'Auteurs coupables ne trouveroit-on pas!

Bornons cette idée à quelque chose de plus déterminé que ne l'est le monde entier. Entrons dans un de ces édifices superbes, où les Ecrivains sont exposés aux yeux du Public. C'est un spectacle qui surprend d'abord, qu'une vaste & riche Bibliotheque; plus de quatre-vingt mille Auteurs, de toute nation, de tout âge, de tout sexe, de tout caractere; rangés avec intelligence, chacun dans le lieu qui lui convient; distingués, ou par l'ordre du temps où ils ont vécu, ou par la nature des choses qu'ils ont traitées; toujours prêts, quand vous les consultez, à vous répondre, soit dans leur langue naturelle, si vous la savez, soit par interpretes, si vous ne pouvez les entendre autrement.

Vous y trouverez des Savants, appellés à démêler les premiers éléments des sciences pour apprendre à bien parler, & à écrire correctement.

Ici ce sont de grands Maîtres dans l'art de l'Eloquence, dans la Poésie, dans la connoissance de la nature, dans la science des temps, des astres ; dans la connoissance des coutumes & des différentes mœurs du monde. Ce sont des Héros, des hommes d'Etat, des Ambassadeurs qui vous instruisent des opérations militaires faites de leurs temps, des mysteres qui ont occasionné des révolutions secretes ou publiques dans les Empires.

Là ce sont des Savants tout occupés à combattre les ennemis de la Religion ; des Peres, des Docteurs, des Interpretes & des Saints qui, dans tous les siecles, ont travaillé avec autant de zele que de capacité à expliquer la loi de Dieu, à l'enseigner, à l'éclaircir, à la prêcher, &c.

Ce spectacle est grand, auguste, vénérable; mais j'en reviens à mes premieres propositions : *on écrit souvent mal ; on écrit trop quelquefois ; & on n'écrit pas toujours assez.*

CHAPITRE PREMIER.

On écrit mal.

DE tout temps une partie de l'occupation des meilleures plumes, a été de travailler à corriger, ou à combattre les mauvais livres. Tant de satyres, de fausses Histoires, de Commentaires extravagants, de fades compilations, de contes infames, tant d'Ouvrages contre la Religion & les mœurs, c'est ce que j'appelle généralement écrire mal ; & il est tel Cabinet où nul Auteur n'est reçu, s'il n'a quelqu'un des caracteres précédents.

Les Savants, sages & judicieux, proscrivent de leurs maisons les Ouvrages qui ne sont propres qu'à corrompre l'esprit & le cœur. Si par état, ou par engagement ils sont obligés d'en garder quelques-uns, soit pour en découvrir le venin, afin d'en avertir les personnes foibles qui pourroient s'y laisser surprendre, soit pour en combattre la doctrine, ils les enferment séparément, & comme dans une espece de prison, qui distingue ces Ecrivains coupables de ceux qui honorent la Religion, & qui respectent les mœurs.

Voilà le monde, disoit un aimable homme, en montrant dans son Cabinet des tablettes remplies d'Histoires curieuses, & d'autres Ouvrages de ce caractere. *Voilà le Paradis*, ajoutoit-il, en marquant les Livres de Piété, rangés d'un côté; *& voilà l'enfer*: c'étoient les Livres, ou hérétiques, ou dangereux, ou dans le gout de la Philosophie présente, qu'il tenoit renfermés sous la clef.

Il y a donc du mal parmi les Ecrivains, soit que ce désordre naisse des matieres mêmes qn'on traite, soit qu'il vienne de la corruption des esprits gâtés, qui empoisonnent tout par le mauvais tour qu'ils y donnent, soit enfin que l'un & l'autre, l'Auteur & la matiere contribuent à rendre un Ouvrage entiérement mauvais.

Bornons-nous ici à deux objets. 1°. Voyons l'abus que l'on fait des talents pour attaquer la Religion & pour corrompre les mœurs; 2°. examinons les artifices & les contradictions de nos Ecrivains Philosophes.

§. I.

L'abus que l'on fait des talents pour attaquer la Religion, & pour corrompre les mœurs.

Combien peu d'Ouvrages, entre ceux dont le Public est accablé, peuvent être lus sans danger pour la Religion ! Combien de Livres, qu'on peut appeller l'affliction de leurs pays, où le crime de leur pere, de qui la corruption, répandue dans eux avec la vie, a corrompu l'air de leur Province, de tout un Royaume, & les en a rendus les homicides ! Combien de Livres qui, comme les lionceaux d'Ezéchiel, viennent au monde avec des griffes & des dents, & qui commencent dès lors à mordre les hommes, à se nourrir de leur sang, à ravager la vigne du Seigneur, & à déchirer quiconque veut s'opposer à leur ravage !

On s'honore, ou l'on se déshonote, selon qu'on écrit; c'est la pensée d'un Auteur de ce siecle. Combien d'Auteurs, à qui l'on pourroit dire: Eh! Messieurs, renoncez pour jamais à la démangeaison d'écrire; les cœurs sont assez corrompus sans vos préceptes pernicieux, les esprits sont assez aveuglés sans vos étranges paradoxes! L'enthousiasme, pour les Ecrivains sophistiques, prouve que le siecle est réellement gâté.

Un homme se trouvant avec des Philosophes, qui le badinoient sur son attachement à la Religion, leur fit cette sage réponse: *Pensez-vous, Messieurs, que si j'avois à changer, vos raisonnements opéreroient cette métamorphose? Ils sont si absurdes, si évidemment contraires à la raison même, qu'ils me retiendroient dans le sein du Christianisme, au cas que j'eusse dessein de m'en éloigner. Vous ne savez qu'objecter & railler, & la Religion ne se détruit pas par de tels moyens.*

En effet, nos Ecrivains incrédules ne font que se répéter : ils rajeunissent des objections mille fois pulvérisées ; & pour peu qu'on n'ait pas lu, on les croit neuves & insurmontables. Nos Philosophes veulent qu'on oublie toute autorité, pour ne croire qu'à la leur, comme si leur nom, mis dans une balance avec ceux des Prophetes, des Apôtres, des Martyrs & des Peres, pouvoient l'emporter ; comme s'il n'y avoit pas tout à perdre en adoptant leurs erreurs, & rien à risquer en s'attachant à la Religion : il n'y eut jamais de plus grand procès que celui qui subsiste entre les croyants & les incrédules ; il s'agit d'une éternité, & c'est la mort qui décide cette terrible affaire. Je ne conçois pas que l'incrédule, qui risque tout, puisse être tranquille jusqu'à ce dénouement. Il parie pour le néant, de sorte qu'il ne gagneroit rien, si, par impossible, il venoit à gagner.

Il faudroit, je l'ai déja dit, d'après

la Bruyere, s'éprouver & s'examiner très-sérieusement avant que de se déclarer par ses Ouvrages, esprit fort ou libertin, afin au moins, & selon ses principes, de finir comme l'on a écrit; ou, si l'on ne se sent point la force d'aller si loin, se résoudre d'écrire comme l'on veut mourir. J'exigerois encore, avec le même Auteur, de ceux qui écrivent contre le frein commun & les grandes regles, qu'ils produisissent des raisons claires & des arguments qui emportent conviction. Je voudrois qu'un Philosophe, sobre, modéré, chaste, équitable, prononce qu'il n'y a point de Dieu; il parleroit du moins sans intérêt : mais où trouver cet Ecrivain Philosophe ? L'impossibilité où sont tant d'Ecrivains impies, de prouver que Dieu n'est pas, ne prouve-t-elle pas son existence ? Je sens qu'il y a un Dieu, & je ne sens point qu'il n'y en ait point : cela me suffit ; tout le raisonnement du monde m'est inutile, je conclus, continue la Bruyere, que Dieu existe : cette conclusion est dans ma nature ; j'en ai reçu les principes dès mon enfance ; mais il y a des Ecrivains qui se défont de ces principes. Qu'est-ce que cela prouve ? Qu'il y a des monstres ! Si c'est le grand & le sublime de la Religion qui éblouit, ou qui confond nos Ecrivains, esprits forts, ils ne sont plus des esprits forts, mais de foibles génies & de petits esprits. Si c'est, au contraire, ce qu'il y a d'humble & de simple qui les rebute, ils sont, à la vérité, des esprits forts, & plus forts que tant de grands hommes si éclairés, si élevés, & néanmoins si fideles, les Léon, les Basile, les Grégoire de Nazianze, les Chrysostôme, les Jérôme, les Augustin, &c.

Il faut l'avouer, à la honte de notre siecle, jamais on n'a vu tant d'Ouvrages marqués au sceau du libertinage & de l'irréligion. Le vice marche le front découvert ; il s'annonce avec éclat, & professe hautement l'irréligion & l'impudicité dans les Ecrits multipliés qui ont corrompu la jeunesse des deux sexes; corruption qui se produit au-dehors par tant de désordres, de crimes, qui dégradent l'humanité, énervent les tempéraments, dessechent, ou détournent les sources de la population, troublent l'ordre de la société, & déshonorent les familles.

La Religion a voulu opposer à ce débordement de vices, la sainteté de ses Loix, & venger les droits de la nature outragée. Nos Philosophes, ligués contre elle, se sont flattés de produire, dans les esprits, une révolution analogue à leurs maximes : les uns ont rempli leurs Ouvrages de sarcasmes, de railleries, de ridicule contre la Religion; les autres ont rajeuni les objections des Païens & des impies de tous les siecles; & à la faveur d'un nouveau tour, & des agréments du style, il les ont fait recevoir par ces hommes vains, désœuvrés, beaux esprits, qui donnent le ton dans tous les Erats. L'autorité même des Souverains n'a point été à l'abri des traits empoisonnés de leur plume ; ils ont déclaré la guerre à Dieu & aux Maîtres de la terre. Ainsi le nom de Philosophe, si respectable en lui-même, est aujourd'hui dans notre langue, le synonyme d'*homme infidele à Dieu & au Prince*. Tels sont les Auteurs, qui seuls sont à présent recherchés. Qu'on marche à grands pas dans les sentiers de l'iniquité, quand on suit de tels conducteurs qui vous débarrassent du joug des loix, & de la décence des mœurs ! Quel fruit la jeunesse retire-t-elle de leurs leçons ? Trop heureuse si la débauche, par une mort prématurée, la ravit à l'ignominie d'un supplice infamant, & peut-être trop mérité. Nous en avons vu de tristes exemples.

Les crimes les plus atroces deviennent communs, dit le Traducteur des Tragédies d'Eschyle. Qu'on parcoure les Regiſtres de nos Parlements, ſur-tout ceux de la Tournelle de Paris, on y verra que des forfaits, inconnus aux premiers Légiſlateurs, que des meurtres horribles, qui auroient autrefois ſoulevé des Nations entieres, ſont fréquents aujourd'hui dans les différentes Provinces du Royaume le mieux policé de la terre. A quoi les attribuer ? Seroit-ce à l'impunité ? Jamais la Juſtice ne fut ſi prompte, ni ſi ſévere à Paris. Seroit-ce à la férocité des mœurs ? Les François n'en ſont point accuſés. On ne parle, au contraire, dans les converſations & dans les Ecrits, que de mœurs douces, de paſſions douces, de cœurs honnêtes, d'ames honnêtes, de créatures honnêtes. Mais ſi cette douceur, cette honnêteté tant rebattues, n'étoient, par haſard, que des mots vagues, des expressions parasites qui ne signifient rien, à force d'être répétées sans cesse, employées par-tout, appliquées à tout; si, par malheur & dans la réalité, les mœurs publiques étoient corrompues, les mœurs particulieres détestables, les notions du bien & du mal changées, la Religion tournée en ridicule, la nature traitée de chimere, on ne chercheroit plus la cause de tant de forfaits multipliés; on la reconnoîtroit dans ses effets.

Ce siecle, dit-on, est le siecle de la Philosophie & de la vertu; c'est aux effets, & non pas aux discours, à le prouver. Quoi qu'il en soit, on punit rigoureusement les crimes; mais ils n'étonnent plus, tant on y est accoutumé. La puissance paternelle & l'union conjugale, sont les nœuds les plus sacrés & les plus forts de la société. L'esprit philosophique de ce temps, cherche à les rompre; on assigne à la puissance paternelle une cer-

en matiere de Religion. 159
taine durée, un terme fixe : c'est une autorité passagere sur les enfants, qui finit avec la foiblesse & les besoins de l'enfance. L'autorité des Peres, une fois oubliée, ou méconnue, leur personne sera-t-elle respectée ? A quels excès ne se porteront pas des enfants ingrats & méchants ? S'il est incertain que la nature ait établi le pouvoir paternel, ce ne sera plus un crime contre la nature, de désobéir à son pere, de l'outrager... Qu'on examine bien jusqu'où peuvent aller les conséquences de ce principe.

Le mariage n'a point été plus épargné dans les Ecrits de nos Philosophes : on a laissé entrevoir qu'il falloit l'abolir ; & on a dit clairement dans un Ouvrage imprimé, qu'il seroit avantageux à l'Etat, que les femmes fussent communes. Les Païens & leurs Philosophes ont-ils donné dans de plus grands excès ? Qu'attendre d'une Nation, chez laquelle de semblables Ecrivains sont devenus les oracles de la Littérature & du bon gout ? Une Nation qui n'a plus de regles de mœurs, bientôt n'aura plus de principes de Loix. Nous touchons de près à cet affreux événement.

Si la Religion n'est qu'une chimere, comme l'écrivent nos Philosophes, dès lors plus de culte dû à la Divinité, qui devient un fantôme ; plus de fidélité due au Souverain que celle qu'il nous plaira lui rendre ; les liens qui unissent les enfants aux parents, les maris à leurs épouses, les serviteurs à leurs maîtres, sont rompus ; l'ordre de la société est renversé ; plus de frein qui retienne les hommes que celui qu'ils voudront bien s'imposer. Si la Religion n'est qu'une illusion, cette illusion m'est utile & agréable : elle m'assure l'attachement de mon épouse, l'amour de mes enfants, la fidélité de mes domestiques. Laissez-moi jouir en paix de cette illusion, puisqu'en m'en privant, vous ne pouvez rien lui subsítuer qui m'en dédommage, qui ne me soit même très-nuisible. Voilà ce qu'on pourroit dire à ces Auteurs Philosophes.

C'est ce que leur reprochoit, avec cette éloquence qui lui étoit propre, un habile homme déja cité, M. Saurin, qu'on ne traitera certainement pas d'esprit foible. Voici comment il s'exprime dans son Sermon sur les Libertins & les Incrédules.

[Les Libertins & les Incrédules, dit-il, se piquent souvent de bon air & de belles manieres : ce n'est même souvent que les fausses idées qu'ils s'en sont formées, qui les déterminent au systême du libertinage & de l'incrédulité. Ils trouvent que la raison sent trop l'école, & que la Foi est pédantesque : ils croient que pour se distinguer dans le monde, il faut affecter de ne point croire & de ne point raisonner. Eh ! bien, leur dirai-je, savez-vous comment on vous regarde dans le monde ? Le

Prophete le dit, & ce n'est pas sur la foi du Prophete, c'est sur le témoignage même de ceux avec qui vous êtes appellés à vivre, que je veux vous le persuader : on vous regarde dans le monde comme des insensés. Qu'est-ce qu'on appelle *bon air & belles manieres* ? Qu'est-ce que la *politesse* & le *savoir-vivre* ? c'est un art de s'accommoder au génie de la société, de paroître entrer dans les sentiments des personnes avec qui l'on vit, d'honorer en apparence ce qu'ils honorent, de respecter ce qu'ils respectent, d'avoir des égards même pour leurs préjugés & pour leurs foiblesses. Sur ce principe, n'êtes-vous pas les plus impolis & les plus grossiers de tous les hommes ? & pour ramener l'idée de mon texte, n'êtes-vous pas les plus insensés ? Vous vivez avec des personnes qui croient un Dieu, une Religion, avec des personnes qui ont été élevées dans ces principes, qui veulent mourir dans ces principes. Bien plus encore, vous vivez dans une société dont les fondements vont crouler avec ceux de la Religion; en sorte que si vous parvenez à sapper ces derniers, vous allez par cela même, sapper les autres. Tous les membres sont intéressés au maintien de cet édifice, que vous voulez détruire. Le Magistrat vous somme à ne pas publier des principes qui vont ébranler son autorité. Le Peuple vous demande de ne pas divulguer des pensées qui vont le soumettre aux passions d'un Magistrat, qui croira n'avoir que soi-même pour juge : cette mere, affligée de la mort de son fils unique, vous prie de ne pas lui ôter la consolation que lui donne la persuasion où elle est, que cet enfant qu'elle pleure est dans le sein de la gloire; ce malade vous supplie de ne point le désabuser d'une erreur qui adoucit ses tourments; ce mourant, de ne pas lui enlever son unique espérance : l'Univers entier vous conjure de ne pas établir des vérités, [supposé même que ce fussent des vérités; hypothèse que je nie & que je déteste;] l'Univers entier vous conjure de ne pas établir ces vérités, dont la connoissance va lui être funeste. Malgré tant de voix, de prieres, d'instances, & parmi tant de gens intéressés à l'établissement de la Religion, soutenir que la Religion est une chimere, s'acharner à la combattre, mettre toute son application & toute sa gloire à la détruire, n'est-ce pas le comble de l'impolitesse, de la brutalité & de la fureur ? *O insensés ! quand aurez-vous l'intelligence ?*]

Pourquoi donc les noms de nos Philosophes incrédules, en imposent-ils à tant de personnes ? Les passions trouvent leur intérêt dans la morale qu'ils débitent ; & si le libertinage du cœur étoit moins commun, l'incrédulité seroit plus rare. Qui sont donc ceux d'entre

en matiere de Religion. 165
ces Philosophes, qu'on puisse comparer, je ne dis pas aux grands Docteurs de l'Eglise dans l'antiquité, mais, par exemple, à Bossuet, à Massillon, à Pascal, à Bourdaloue ? Ces hommes n'étoient-ils pas des hommes de Lettres, des Savants du premier ordre, des hommes d'une raison éclairée, d'un jugement profond ? & quel Philosophe du jour oseroit se mettre à leur niveau, ou dire publiquement qu'ils étoient des hommes simples, superstitieux, des idiots ? Pourquoi donc prétendent-ils qu'on les écoute, par préférence à ces Savants si instruits ? Qui étoit Bayle, leur oracle ? nous allons l'apprendre, non d'un Prêtre, ou d'un Moine, gens suspects à nos Philosophes, mais d'un Ministre Protestant; génie célebre, & équitable dans le jugement qu'il en porte.

Bayle, dit Saurin, dans son Sermon sur *l'accord de la Religion avec la politique*, [Bayle étoit un de ces hommes contradictoires que la plus grande pénétration ne sauroit concilier avec lui-même, & dont les qualités opposées nous laissent toujours en suspens, si nous devons le placer, ou dans une extrêmité, ou dans l'extrêmité opposée. D'un côté, grand Philosophe, sachant démêler le vrai d'avec le faux, voir l'enchaînement d'un principe, & suivre une conséquence; d'un autre côté, grand Sophiste, prenant à tâche de confondre le faux avec le vrai, de tordre un principe, de renverser une conséquence : d'un côté, plein d'érudition & de lumieres, ayant lu tout ce qu'on peut lire, & retenu tout ce qu'on peut retenir ; d'un autre côté, ignorant, du moins feignant d'ignorer les choses les plus communes, avançant des difficultés qu'on a mille fois réfutées, proposant des objections, que les plus novices de l'Ecole n'oseroient alléguer sans rougir : d'un côté, attaquant les plus grands hommes ; de l'autre, ouvrant un vaste champ à leurs travaux, les conduisant par des routes difficiles & par des sentiers raboteux, & sinon les surmontant, du moins leur donnant toujours de la peine à vaincre ; d'un autre côté, s'aidant des plus petits esprits, leur prodiguant son encens, & salissant ses Ecrits de ces noms, que des bouches doctes n'avoient jamais prononcés : d'un côté, exempt, du moins en apparence, de toute passion contraire à l'esprit de l'Evangile, chaste dans ses mœurs, grave dans ses discours, sobre dans ses aliments, austere dans son genre de vie ; d'un autre côté, employant toute la pointe de son génie à combattre les bonnes mœurs, à attaquer la chasteté, la modestie, toutes les vertus chrétiennes ; d'un côté, appellant au tribunal de l'orthodoxie la plus sévere, puisant dans les sources les plus pures, empruntant les arguments des Docteurs les moins supects; d'un autre côté, suivant la route des Hérétiques, ramenant les objections des anciens Hérésiarques, leur prêtant des armes nouvelles, & réunissant, dans notre siecle, toutes les erreurs des siecles passés. Puisse cet homme, qui fut doué de tant de talents, avoir été absous devant Dieu du mauvais usage qu'on lui en vit faire! puisse ce Jesus, qu'il attaqua tant de fois, avoir expié tous ses crimes! Mais si la charité nous ordonne de former des vœux pour son salut, l'honneur de notre sainte Religion nous oblige de publier l'abus qu'il fit de ses lumieres, de protester, à la face du ciel & de la terre, que nous ne l'avouerons jamais pour un vrai membre de notre réformation, & que nous regarderons toujours une partie de ses Écrits, comme le scandale des gens de bien, & comme la peste de l'Église.

Tels sont les traits frappants du tableau de Bayle, peint par Saurin. Voilà

en matière de Religion. 169

Voilà l'homme dont nos Philosophes se font gloire de suivre les traces, de renouveller chaque jour les sophismes, les indécences & les impiétés. C'est d'après, & en adoptant les principes erronés & licencieux de Bayle, que nous avons vu tant d'Ecrits, où le libertinage, déguisé sous le beau nom de Philosophie, veut se faire un nom par l'affectation de braver les mœurs, par des efforts redoublés, pour arracher de nos cœurs tout principe de morale & de société. Ce n'est point en dégradant l'humanité, que l'on mérite ses respects. La fierté, l'aigreur, le ton cynique ne furent jamais l'enseigne de la vérité.

[Si dans ce siecle, trop enclin à vanter ce qui est singulier, il se trouvoit, dit M. Bergier, un Ecrivain qui eût l'ambition d'exceller dans tous les genres, de posséder tous les talents, d'être tout à la fois Poëte & Théologien, Littérateur & Géometre, Critique & Philoso-

H

phe, Historien & Romancier, un génie plus varié qu'étendu, plus hardi que solide, plus capable d'éblouir que d'instruire, qui traitât sur le même ton le sacré & le profane, le sérieux & le burlesque, la Fable & l'Histoire; un Auteur plein de mépris pour ses critiques, inconstant par gout & opiniâtre par vanité, qui fît douter s'il a donné plus d'atteintes à la vérité, ou à la vertu, à la Religion, ou aux mœurs; quelle destinée pourroit-on lui promettre ?

On lui diroit que ses Ouvrages, trop nombreux pour être parfaits, trop superficiels pour être exacts, trop frivoles, la plupart, pour être estimés, parviendront difficilement à la postérité; qu'ils sont en danger, ou de périr avec le gout dépravé qui leur a donné la vogue, ou d'être immolés à la vengeance des mœurs qu'ils outragent: que quand même ils lui survivroient, il y a bien de la différence entre la gloire & la célébrité ; que de tout temps les sages ont fait moins de bruit que les insensés ; que l'Histoire en nous laissant ignorer celui qui bâtit le Temple de Diane, nous a fait connoître celui qui le brûla. On lui représenteroit qu'occuper dans les fastes littéraires le même rang que tiennent dans nos annales ces farouches Conquérants qui ont ravagé nos contrées, c'est un triste avantage, qui ne vaut pas la peine d'être acheté par la proscription, par une vie errante, par un demi-siecle de travaux. On lui feroit observer qu'il en coute moins pour se faire estimer par un talent médiocre, mais utile à la vertu & aux mœurs ; que cette gloire ne peut être effacée par le temps, ni obscurcie par les remords; qu'elle seule peut faire la consolation du sage, & rendre sa mémoire précieuse à l'humanité.

C'est avec douleur, dit un savant Magistrat, [a] dans son Requisi-

[a] M. Joly de Fleury.

toire du 23 Janvier 1759, que nous sommes contraints de le dire, peut-on se dissimuler qu'il y ait un projet conçu, une société formée pour soutenir le Matérialisme, pour détruire la Religion, pour inspirer l'indépendance, & nourrir la corruption des mœurs?... Qu'il est triste pour nous de penser au jugement que la postérité portera de notre siecle, en parlant de ces Ouvrages qu'il produit; qu'il est sensible à la Religion, de voir sortir de son sein une secte de prétendus Philosophes qui, par l'abus de l'esprit le plus capable de dégrader l'homme, ont imaginé le projet insensé de réformer, disons mieux, de détruire les premieres vérités gravées dans nos cœurs par la main du Créateur, d'abolir son culte & ses Ministres, & d'établir enfin le déisme & le matérialisme.

C'est ainsi qu'on s'égare, en voulant soumettre au tribunal de la raison seule, ce qui est au-dessus d'elle. *Prenez garde*, disoit l'Apôtre, *que personne ne vous surprenne par la philosophie ... selon les principes d'une science mondaine.* Cette philosophie, contre laquelle il vouloit nous précautionner, consiste dans de faux raisonnements, dans ces systêmes qui n'ont pour principes que la sagesse humaine, & les impressions des sens; telle est la philosophie des faux Savants du siecle : ils se donnent gratuitement le nom d'*Esprits forts*, & appellent lumieres ce qui n'est que ténebres.

Comment des hommes, qu'on croit si profonds & d'un génie si distingué des autres, ignorent-ils jusqu'à la définition de l'esprit fort ? Qui établit en effet la véritable force de l'esprit ? ne sont-ce pas les principes, les témoignages, les autorités sur lesquels il se fonde, les vertus que lui mérite le bon usage qu'il fait des lumieres que lui accorde le *Dieu qui est le Seigneur de toutes les sciences* ?

Un esprit véritablement fort, est

un esprit éclairé par la lumiere supérieure, & qui connoît la vérité par des principes certains. Soutenu au-dehors par des témoignages qu'on ne peut récuser, jamais le déréglement des passions ne l'affecte, ni n'influe sur ses connoissances & sur ses jugements. Le fidele seul possede cette force d'esprit; l'erreur & l'aveuglement sont le partage de l'Incrédule, guidé par son sens particulier & par sa foible raison.

L'esprit docile, dit la Bruyere, admet la vraie Religion; & l'esprit foible, ou n'en admet aucune, ou en admet une fausse. Or, l'esprit fort, ou n'a pas de Religion, ou se fait une Religion; donc l'esprit fort, c'est l'esprit foible. La conséquence est juste. Quelle plus grande foiblesse que de vouloir être sans certitude sur le principe de son être, de sa vie, de ses sens, de ses connoissances, de la nature de la destination de son ame! L'idée d'un premier Etre, parfait, éternel, de qui tous les autres tiennent leur exiſtence, à qui tout ſe rapporte, qui nous a faits à ſon image, cette idée ne prouve-t-elle pas plus de force & de nobleſſe dans l'homme qui l'adopte, qui la croit, & qui la prend pour la regle & pour le terme de ſes actions ?

Voyez ces Savants d'Athenes, aſſemblés ſous les porches fameux des Stoïciens, ou dans l'Académie de Platon, ou dans le Lycée d'Ariſtote. Après avoir diſputé long-temps, chacun pour fonder ſon ſyſtème, & renverſer celui d'un autre, à peine trouve-t-on qu'ils aient exactement établi quelque vérité morale : ainſi la raiſon humaine, livrée à elle-même, & mépriſant la révélation qui doit être ſon guide, devient la ſource des erreurs, des héréſies qui ont affligé l'Egliſe, & des opinions extravagantes qui ont déshonoré l'eſprit humain.

C'est contre la Religion, que nos Philosophes s'élevent. Eh ! quel mal leur a fait cette Religion sainte, pour exciter leur fureur ? Si ses dogmes, ses cérémonies, sa morale, les offensent, s'ils ne peuvent en être les disciples, pourquoi troubler l'Etat, & vouloir disputer aux autres la liberté de suivre les maximes de la catholicité ?

Ils déchirent le sein de l'Eglise qui les a adoptés pour ses enfants; & comme si l'Etat étoit coupable à leurs yeux, parce qu'il est Chrétien, ils conjurent la perte de l'une & de l'autre, & cherchent à les sapper par le fondement.

S'ils ne veulent pas jouir avec nous des lumieres de la vérité, qu'ils nous laissent en possession de notre croyance ; qu'ils voient s'il est quelque Royaume dans le monde où se trouvent des caracteres analogues à leur maniere de penser; si on les y souffrira tranquillement établir leurs systèmes; si des Princes, ou des Nations, applaudiront à leurs maximes, capables d'ébranler le Trône, & de troubler l'ordre de la société; qu'ils sortent du milieu de nous : la Religion, toujours tendre pour ses enfants, les verra, sans doute, s'éloigner d'elle avec douleur; mais la patrie se réjouira de leur retraite, & croira faire un gain, en ne les comptant plus parmi ses membres.

Ils prétendent nous donner des systêmes propres à nous rendre plus heureux, plus parfaits. Eh! quels hommes seroient plus heureux que les Chrétiens, s'ils se régloient en tout sur la morale de l'Evangile! Alors, quelle douceur dans les mœurs! quelle cordialité dans le commerce de la société! quelle regle! quelle honnêteté! quelle justice dans toutes nos actions!

Quelle est donc la mission de nos Philosophes? Quel est leur caractère pour s'ériger en réformateurs publics de la Religion, des mœurs

& de l'Etat ? Depuis l'établissement du Christianisme, l'Univers chrétien est donc dans l'erreur ? C'est donc en vain que tant de millions de Martyrs, de tout âge, de tout sexe, de toutes conditions, ont scellé de leur sang les vérités que nous croyons ? Tant d'Ecrivains célebres, tant de génies du premier ordre, respectables par leurs talents & par leurs mœurs, ont cru, enseigné, pratiqué ces mêmes vérités : ils ont certainement cherché le vrai, avec autant d'ardeur que nos Philosophes modernes : comment se seroient-ils égarés durant un si long cours de siecles ? La vérité n'auroit-elle donc ouvert son sanctuaire qu'à cette portion malheureuse d'Incrédules, à cette secte de faux-sages, qui ne font que renouveller, sous différentes formes, tous les systêmes condamnés dans tous les temps ? Il étoit réservé à nos prétendus Philosophes, de nous délivrer du joug de toute autorité ;

de nous dispenser de tout culte; de bannir toutes les vertus; d'établir l'indépendance, le regne des passions; de rompre les liens qui nous unissent les uns aux autres: voilà la doctrine de ces oracles de l'impiété. Livrés à leur imagination, ils ont éteint en eux la lumiere naturelle; ils induisent en erreurs leurs concitoyens, & pervertissent le monde. Enfants ingrats & rebelles, ils méconnoissent l'Auteur *de tous les dons*, & semblables à ces insensés dont parle Job, *retirez-vous de nous, lui disent-ils, nous n'avons pas besoin de vos lumieres; nous ne connoissons, ni vos promesses, ni vos miracles.* Dans cette folle présomption, ils sont comme dans une sorte de délire, & *marchent en plein jour, comme des aveugles au milieu des ténebres.* Deutéron. ch. 28.

§. II.

Artifices de nos Philosophes, qui écrivent contre la Religion; leurs contradictions; examen des divers motifs que le Chrétien & l'Incrédule produisent pour la défense de leur cause.

LEs premiers traits de l'esprit de malice sont destinés à soustraire le Chrétien à l'empire de la vérité; & ces traits ne furent jamais plus enflammés que dans notre siecle. Les émissaires de cet esprit de malice, au temps de S. Paul, les Philosophes Païens, les Scribes, les Pharisiens, n'étoient que des novices dans l'art de donner de la couleur au mensonge, si on les compare à nos Déistes, à nos esprits forts, à ces antagonistes trop fameux de notre sainte Religion. Mais quelque formidables qu'ils paroissent, nous avons de quoi leur faire mordre la pousfiere ; & si l'on ne porta jamais si loin qu'aujourd'hui l'art de déguiser l'erreur, on ne porta jamais plus loin l'art de la démasquer, & de faire briller la vérité dans tout son éclat.

Le Chrétien sait démêler six artifices de l'erreur. Il y a six sophismes qui regnent dans ces malheureuses productions que notre siecle a enfantées, pour nous soustraire à l'empire de la vérité.

Premier artifice. On confond les matieres qui sont proposées à notre discussion, & on nous demande une évidence métaphysique, pour des faits qui n'en sont pas susceptibles.

Second artifice. On oppose des circonstances possibles, à des circonstances prouvées & démontrées.

Troisieme artifice. On prétend affoiblir des choses connues, par des arguments pris des choses inconnues.

Quatrieme artifice. On veut rendre suspects de contradiction les dogmes de l'Evangile, sous prétexte qu'ils sont obscurs.

Cinquieme artifice. On propose des arguments étrangers au sujet dont il est question.

Sixieme artifice. On fait des objections qui tirent leur force, non du fond même des sujets sur lesquels elles roulent, mais de la supériorité du génie de celui qui les propose. Entrons dans l'examen de cette méthode.

1°. On confond les matieres qui sont proposées à notre discussion, & l'on demande une évidence métaphysique, pour des faits dont la nature n'est pas susceptible de cette sorte d'évidence. Nous appellons *évidence métaphysique,* celle qui est fondée sur l'idée claire de l'essence d'un sujet. Par exemple, nous avons une idée claire d'un certain nombre. Cette proposition, *le nombre dont vous avez une idée claire, est pair, ou impair,* est susceptible d'une évidence métaphysique. Mais une question de fait ne peut s'éclaircir que par la réunion des circonstances, qui, prises chacune séparément, ne suffisent pas pour établir le fait, mais pour le démontrer lorsqu'elles sont prises ensemble; de même qu'on ne seroit point fondé à opposer certaines circonstances à une proposition qui a une évidence métaphysique : ainsi l'on ne peut être autorisé à demander une évidence métaphysique, quand il s'agit d'une question de fait. J'ai l'idée d'un certain nombre ; je conclus de cette idée, que le nombre est pair, ou impair. On aura beau m'objecter que tout le monde ne raisonne pas comme moi, que ceux qui soutiennent qu'il est pair, ou impair, ont peut-être intérêt à le soutenir : ce sont là des circonstances qui n'apportent pas la moindre altération à la nature de ce nombre, ni à la fermeté avec laquelle je soutiens une parité, ou une imparité, fondée sur l'idée claire du sujet dont il est question : de même, je vois une réunion de circonstances, qui déposent uniformément pour un fait sur lequel je veux m'éclaircir ; je me rends à l'évidence qui en résulte. En vain objectera-t-on que ce n'est pas là une évidence métaphysique, puisque le sujet dont il s'agit n'en est pas susceptible.

Nous appliquons cette maxime à tous les faits sur lesquels roule la vérité de la Religion, tels que sont ceux-ci. Il y a eu un Moïse qui a raconté des choses dont il a été témoin, & qu'il a lui-même opérées. Il y a eu des Prophetes qui ont écrit les Livres qui portent leur nom, & qui ont prédit certains événements, plusieurs siecles avant qu'ils aient été accomplis. Jesus, Fils de Marie, est né sous l'Empereur Auguste ; il a prêché les vérités qui forment le corps de l'Evangile ; il a souffert ; il a été crucifié ; il est mort. Si nous appliquons cette maxime au prodige de la Résurrection, elle a l'avantage de repousser les principales objections que l'on oppose à cet article intéressant de notre foi. La Résurrection de Jesus-Christ est un fait que nous devons prouver; c'est un fait même extraordinaire, pour lequel nous consentons qu'on nous demande de plus fortes preuves & en plus grand nombre, que si c'étoit un événement dans l'ordre des choses communes. Mais après tout, c'est un fait; & on ne doit nous demander, lorsqu'il est question de prouver des faits, que des preuves qui conviennent à des faits. Nous sommes d'autant mieux fondés dans cette prétention, que ceux contre lesquels nous voulons l'établir, ne soutiennent pas, sans restriction, le pyrrhonisme historique. Au contaire, ils admettent certains faits, qu'ils ne croient que sur un petit nombre de circonstances : mais si un certain nombre de circonstances prouve, quand il s'agit de certains faits, pourquoi un assemblage de toutes les circonstances possibles, ne prouvera-t-il point quand il est question d'un autre fait?

2°. On oppose des circonstances possibles, mais dont on n'a aucune preuve, à des circonstances prouvées & démontrées. Tous les raisonnements fondés sur des circonstances possibles, ne sont que des conjectures sans fondement, & des suppositions chimériques. Peut-être y a-t-il eu des déluges, des incendies, des tremblements de terre, qui, ayant aboli la mémoire des choses passées, nous empêchent de remonter de siecle en siecle pour démontrer l'éternité du monde, pour trouver des monuments contre la Religion. Etrange maniere de raisonner, pour faire tête à des hommes qui sont armés d'arguments, pris d'une suite de phénomenes réels, palpables, avérés. Quand nous disputons contre l'Incrédule, quand nous établissons l'existence du premier Etre, quand nous soutenons que l'auteur de l'Univers est éternel dans sa durée, sage dans ses desseins, puissant dans ses exécutions, & magnifique dans ses graces, nous ne raisonnons pas sur des probabilités & sur des *peut-être*. Nous ne disons pas : il y a peut-être un firmament qui nous couvre, peut-être un soleil qui nous éclaire, peut-être des astres qui brillent à nos yeux, peut-être une terre qui nous porte, peut-être des aliments qui nous nourrissent, peut-être un souffle qui nous anime, peut-être un air qui nous fait respirer, peut-être une symmétrie & une harmonie entre les éléments & dans la nature. Nous mettons en avant ces phénomenes ; nous en faisons la base de nos raisonnements & de notre foi.

3°. On veut affoiblir des choses connues par des arguments pris des choses inconnues. Cette méthode est encore une source féconde des sophismes de l'Incrédule. Il fonde une partie des difficultés qu'il oppose au système de la Religion, non sur ce qu'il connoît, mais sur ce qu'il ne connoît pas. A quoi servent tant de trésors que la mer engloutit dans ses abymes ? A quoi tant de métaux qui sont cachés dans les entrailles de la terre ? A quoi tant d'astres qui sont dispersés dans l'immense étendue du Firmament ? A quoi tant de déserts inhabités & inhabitables ? A quoi tant d'insectes qui sont à charge à la nature, & qui semblent n'être destinés qu'à la défigurer ? Pourquoi Dieu a-t-il créé des hommes qui devoient être misérables, & dont les miseres futures ne pouvoient lui être inconnues ? Pourquoi, pendant tant de siecles, a-t-il borné la révélation à une seule nation, & en quelque sorte à une seule famille ? Pourquoi laisse-t-il encore un si prodigieux nombre de peuples dans les ténebres

en matiere de Religion. 189
& dans la région de l'ombre de la mort ? Delà l'Incrédule conclut, ou qu'il n'y a point de Créateur, ou que le Créateur n'a point les perfections qu'on lui attribue. Le système du Chrétien est fondé sur des principes certains.

Nous tirons nos arguments, non de ce que nous ne connoissons pas, mais de ce que nous connoissons; nous les tirons des caracteres d'intelligence qui sont à notre portée, & que nous voyons de nos propres yeux; nous les tirons de la nature des êtres bornés; nous les tirons des témoignages de toutes les Nations & de tous les Peuples; nous les tirons des miracles opérés en faveur de la Religion; nous les tirons de la voix intérieure de notre cœur même, qui nous prouve, par un genre d'argument supérieur à tous les sophismes, supérieur même à toutes les démonstrations de l'école, que la Religion est faite pour l'homme; que l'auteur de l'homme est l'auteur de la Religion.

4°. On veut rendre suspect de contradiction un dogme, sous prétexte qu'il est obscur. Il y a des dogmes obscurs dans la Religion; mais il n'y en a aucun qui soit contradictoire. Dieu agit avec nous à l'égard des dogmes qu'il nous impose de croire, comme à l'égard des loix qu'il nous impose de pratiquer. Quand il nous donne des loix, il nous les donne en maître; il ne nous les donne pas en tyran. S'il nous soumettoit à des loix qui répugnassent à l'ordre, qui avilissent notre nature, & qui nous fussent funestes, en sorte que notre malheur sortît du sein même de notre innocence, ce ne seroit pas là ordonner en maître, ce seroit ordonner en tyran. Alors il y auroit un contraste dans nos devoirs. Ce qui nous obligeroit d'être obéissants, c'est cela même qui nous obligeroit d'être rebelles; parce que ce qui nous engage d'obéir à Dieu, c'est l'éminence de ses perfections, & que ses perfections seroient choquées par des loix de cette nature.

C'est ainsi que Dieu a attaché certains caracteres, propres à discerner le vrai d'avec le faux. S'il étoit possible que Dieu revêtît le mensonge des caracteres de la vérité, & la vérité des caracteres du mensonge, il regneroit nécessairement un contraste manifeste dans nos idées; & la même raison qui nous obligeroit de croire, nous obligeroit de ne point croire, parce que ce qui nous engage de croire, lorsque Dieu parle, c'est qu'il est la vérité infaillible. Or si Dieu nous commandoit de croire des contradictions, il cesseroit d'être la vérité infaillible, rien n'étant plus opposé à la vérité, que d'être contraire à soi-même. C'est cette maxime que nous admettons, & sur laquelle nous fondons la foi que nous avons pour la partie obscure de la Religion. Un homme sage doit connoître sa foiblesse, être persuadé qu'il y a des questions qui ne sont pas de son ressort, opposer la grandeur de l'objet à la petitesse de l'intelligence à laquelle cet objet est proposé, & sentir que cette disproportion est la seule cause de certaines difficultés qui lui avoient paru si redoutables.

Formons-nous de grandes idées de l'être parfait : & quelles idées devons-nous donc nous en former ? Jamais Philosophe n'eut un plus noble & plus intéressant motif de donner carriere à ses méditations, & jamais il ne fut plus permis de faire des efforts d'imagination, que quand il s'agit de décrire la grandeur de ce qu'il y a de plus grand ; mais ici les descriptions pompeuses doivent faire place aux idées simples & distinctes. Dieu est un Etre infini. Or il est contradictoire que, dans l'Etre infini, il ne se trouve des choses qui nous passent infiniment. Ainsi il falloit, par cela même que l'Ecriture a parlé de Dieu,

Dieu, qu'elle en donnât des idées qui abſorbent celles d'une créature bornée.

5°. On attaque la vérité par des arguments étrangers au ſujet dont il eſt queſtion. C'eſt là une des plus dangereuſes ſoupleſſes de l'erreur, que de propoſer ces ſortes d'arguments. Une des plus grandes précautions que nous devons prendre dans la recherche de la vérité, c'eſt de bien diſtinguer ce qui eſt étranger au ſujet dont nous voulons nous éclaircir, d'avec ce qui y a une liaiſon réelle & ſenſible; mais il n'y a aucune queſtion de Théologie, aucun point de Philoſophie, aucune maxime politique, ſur leſquels nous euſſions des commentaires ſi diffus & ſi compliqués, ſi chacun de ceux qui traitent ces ſujets, n'avoit l'art malheureux d'y incorporer mille & mille idées étrangeres.

Vous recevez tel & tel dogme, dit-on, & cependant cent Docteurs célebres dans votre Egliſe, ont avancé plusieurs arguments faux pour le défendre. Mais qu'importe? Il n'est pas question si ce dogme a été défendu par de foibles arguments : il s'agit de savoir si les arguments qui me déterminent à le recevoir, sont concluants, ou sophistiques.

Vous recevez tel & tel dogme, poursuit-on, & quelques Auteurs respectables ont eu des sentiments opposés. Et qu'importe? Est-il question de savoir ce qu'ont admis ces Ecrivains? ou s'agit-il de savoir ce qu'ils ont dû admettre?

Vous recevez tel & tel dogme, & cependant il n'y a qu'un petit nombre de personnes qui les reçoivent avec vous, tandis que la plus grande partie de la terre, la plupart des Royaumes d'Asie, d'Afrique, de l'Amérique, soutiennent des opinions contraires aux vôtres. Et qu'importe? Est-il donc question d'examiner ce qui a le plus de partisans, ou ce qui en mérite le plus?

Vous recevez tel & tel dogme, & des personnes illustres, des Souverains, des hommes fameux, rejettent ce que vous recevez. Est-il question du grade de ceux qui reçoivent un dogme, ou des raisons qui doivent déterminer à le recevoir ? Et sont-ce les personnes illustres, les Souverains, les hommes fameux, qui ont des idées plus pures, qui travaillent le plus à s'instruire, qui donnent plus d'application à la recherche de la vérité, qui font de plus grands sacrifices à l'amour de l'ordre, qui sont les plus portés à écarter ces passions & ces préjugés qui enveloppent & offusquent trop ordinairement la vérité ?

6°. Les objections dont on se sert pour combattre la vérité, tirent leur force, non du fond des sujets mêmes, mais de la supériorité de génie de celui qui les propose. Il n'y a aucun genre de vérité que ses défenseurs ne soient obligés d'abandonner, si l'on n'a droit d'adhérer à une proposition, que lorsqu'on peut répondre à toutes les objections qu'on propose. Un manœuvre ne sauroit répondre aux arguments que je pourrois lui proposer, pour lui prouver, lorsqu'il remue les bras, qu'il n'y a point de mouvement dans la nature, & qu'il implique contradiction qu'il y en ait; un manœuvre ne sauroit répondre aux arguments que je pourrois lui proposer sur la fin de sa journée, pour lui prouver que je lui donne cinq pieces d'argent, lors même que je ne lui en donne que trois: & cependant un manœuvre n'est-il pas aussi bien fondé que les plus sublimes génies de l'Univers, lorsqu'il soutient qu'il y a du mouvement dans la nature, lorsqu'il soutient qu'il porte & qu'il traîne une masse de matiere à laquelle son ame est unie, & dans laquelle elle n'est que trop souvent ensevelie.

La droite raison dicte à tous les hommes qu'il ne faut pas abandonner un systême, sous prétexte qu'il y a une difficulté, pour embrasser un autre systême qui a un plus grand nombre de difficultés, & incomparablement plus mal-aisées à résoudre. Cette maxime est bien pressante contre ces hommes qui se produisent avec tant de faste dans les sociétés, qui cherchent à y figurer comme des esprits forts, mais dont le principal mérite consiste à éviter un abyme, pour se jetter dans mille autres abymes. Prodiges inouis de crédulité & d'incrédulité tout ensemble ! Esprits contradictoires, qui ne sauroient digérer les mysteres de la Religion, & qui digerent les mysteres de l'athéisme ; qui ne comprennent pas qu'il y ait un Dieu éternel, & qui comprennent que le monde subsiste de toute éternité ; qui ne comprennent pas qu'un être sage & intelligent ait rangé les parties de cet Univers, & qui comprennent que cet Univers ait été arrangé sans sagesse &

sans intelligence ; qui ne comprennent pas qu'il y ait une substance spirituelle, & qui comprennent qu'une substance brute, qu'un vent, qu'une vapeur, que quelques parties subtiles de la matiere pensent, réfléchissent, conçoivent, argumentent ; qui ne comprennent pas que la conversion du monde païen soit l'effet des miracles qui ont été opérés pour la confirmation de l'Evangile, & qui comprennent que des peuples entiers ait renoncé à la Religion, à leurs préjugés, à leurs prospérités, à leur vie, sans prodiges, sans miracles, sans démonstration ; qui ne comprennent pas que nos Auteurs sacrés aient été inspirés, & qui comprennent que, sans secours surnaturel, ils aient prédit l'avenir, donné un corps de doctrine supérieure aux leçons des Philosophes de tous les âges & de toutes les sectes.

Un moyen sûr & facile de reconnoître la supériorité de l'hom-

en matiere de Religion. 199
me qui a la foi, sur l'Incrédule, par rapport à leurs principes, consiste à les faire comparoître l'un & l'autre, 1°. au tribunal de l'autorité; 2°. au tribunal de l'intérêt; 3°. au tribunal de l'histoire; 4°. au tribunal de la conscience; 5°. au tribunal de la raison; 6°. au tribunal du pyrrhonisme même.

1°. Au tribunal de l'autorité. L'incrédule oppose au fidele l'exemple de quelques Nations, qu'on dit vivre sans Religion, & celui de quelques Philosophes, que leur prétendu athéisme a rendu fameux. Le fidele oppose à l'incrédule ce qu'il y a de suspect dans les Historiens & dans les voyageurs qui lui ont fourni ces exemples, & opposant autorité à autorité, il allegue, en faveur des grands principes de la Religion, le consentement unanime de tout le monde connu.

2°. Au tribunal de l'intérêt. L'incrédule oppose au fidele la contrainte dans laquelle la Religion

I 4

met continuellement les hommes, le plaisir qu'il y auroit de vivre au gré de ses désirs, sans être effrayé par l'idée d'un formidable témoin de nos actions, & d'un compte qu'il faut en rendre. Le fidele oppose à l'incrédule le lien de la société qui va être entiérement rompu, si les scélérats parviennent au funeste but qu'ils se proposent, d'ôter les barrieres de sa Religion. Il lui oppose l'intérêt même de chaque particulier, qui, dans le période du dégout du monde, dans celui des catastrophes de la gloire & de la fortune, sur-tout aux approches de la mort, n'a d'autre ressource que le désespoir, si les espérances que la Religion nous donne sont chimériques.

3°. Au tribunal de l'histoire. L'incrédule oppose au fidele l'impossibilité d'avoir des démonstrations proprement ainsi nommées des faits historiques. Le fidele oppose à l'incrédule l'acquiescement qu'il donne lui-même à des événements arrivés dans des temps aussi anciens que ceux dont il nous objecte l'ancienneté ; & le combattant de ses propres armes, il lui démontre que des raisons plus fortes encore que celles qui le contraignent d'admettre ces événements, concours de témoins, unanimité d'Historiens, sacrifices faits pour certifier le témoignage, & mille autres preuves semblables, doivent l'engager à croire les faits sur lesquels la Religion est appuyée.

4°. Au tribunal de la conscience. L'incrédule oppose sa propre expérience au fidele ; il se glorifie d'avoir secoué le joug de ce tyran. Le fidele oppose à l'incrédule l'expérience des plus fameux scélérats ; &, faisant servir l'incrédule même de démonstration aux vérités qu'il prétendoit renverser, il lui reproche qu'il retrouve, malgré lui, cette conscience qu'il se glorifioit d'avoir entiérement déracinée ; qu'elle se réveille dès que l'éclair brille, dès que la voix du tonnerre roule dans les airs, dès que les messagers de la mort viennent lui annoncer leur affreux ministere.

5°. Au tribunal de la raison. L'incrédule oppose au fidele ce sacrifice de la raison, que la Religion demande de ces disciples ; ces dogmes abstrus; ces mysteres incompréhensibles qu'elle leur révele, & qu'elle veut leur faire recevoir avec une entiere soumission. Le fidele oppose à l'incrédule l'infaillibilité de l'intelligence qui nous a révélé ces dogmes : il lui prouve que le meilleur usage qu'on puisse faire de sa raison, c'est d'y renoncer, dans le sens selon lequel la Religion exige ce sacrifice; en sorte que la raison ne marche jamais d'un pas si assuré, & ne s'éleve à un dégré si éminent, que lorsque, cessant de voir par ses propres yeux, elle ne voit que par ceux du Dieu infaillible.

6°. Au tribunal du pyrrhonisme même, le fidele triomphe de l'incrédule. Un seul dégré de probabilité dans le systême du fidele, dérange tout le systême de l'incrédule, du moins il doit empoisonner toutes les délices que l'incrédule trouve dans le systême de l'incrédulité. Quelle satisfaction peut trouver un homme sensé dans la prétendue indépendance que le systême de l'incrédulité procure, s'il soupçonne, avec quelque ombre de vraisemblance, qu'elle le jettera dans des miseres éternelles ? Mais ce même homme, qui trouve que les preuves de la Religion ne sont pas assez fortes pour engager un homme sensé à donner la gêne à ses passions pendant le peu de jours que nous devons passer sur la terre, ce même homme trouve le systême de l'incrédulité assez fondé, pour l'engager à affronter cette éternité de miseres, que la Religion dénonce aux impénitents. Quel contraste ! Ainsi le pyrrhonisme le plus obstiné, cede aux foibles motifs d'une vaine crédulité, qui ne seroit pas pardonnable à un enfant.

CHAPITRE II.

On écrit trop.

C'EST le second défaut des Auteurs; il faut le faire connoître, avant que de passer au troisieme, & d'y appliquer le remede.

On écrit trop. On écrit des choses inutiles. On écrit trop au long les meilleures choses. On écrit sans respecter les bornes prescrites à l'esprit humain, sur toutes les matieres dont la connoissance nous est refusée dans l'ordre de la providence. On écrit sur des objets qu'on doit s'interdire, quand on n'en a pas la mission, quoiqu'on ait les talents nécessaires pour en parler. Tous excès blâmables, & sur lesquels il faut s'arrêter un moment. Nous finirons par indiquer les principes nécessaires pour s'expliquer par les écrits & par les Livres.

§. I.

On écrit des choses inutiles.

C'est le défaut des Auteurs peu judicieux, qui ne savent pas prendre leur parti, ni choisir une matiere qui soit de quelque utilité. Un Ecrivain a résolu de donner un Ouvrage nouveau; ce seront des *Commentaires sur les guerres de César*; il donnera ensuite *la Vie du grand Théodose*, &c. Ne les avons-nous pas de bonne main? pourquoi s'occuper inutilement à faire mal, ce qui a été bien fait?

Un Savant entreprend de travailler pour le Public; il prend ses mesures, il pense, il médite quelque chose d'extraordinaire: il met en vers les *Annales de Baronius*, ou *S. Augustin*. Pourquoi ne pas les laisser en prose? Ils sont si bien, & le monde sage en est content. Combien nous donne-t-on d'Ouvrages dans ce gout!

Il est des hommes qui écrivent pour écrire, comme il y en a qui parlent pour parler. Nul génie, nul dessein, ni dans les discours des uns, ni dans les Livres des autres ; on les lit & on n'y comprend rien, ou on n'y apprend rien. Ces Auteurs ne s'entendent pas eux-mêmes. Pourquoi donc écrivent-ils ? C'est ainsi que par le mauvais choix des matieres, ou par une maniere d'écrire, qui ne signifie rien, on remplit le monde de Livres stériles & infructueux. On l'a dit, il est peu de Livres où il n'y ait quelque chose de bon ; mais combien, dans les Bibliotheques, de Livres qu'on n'ouvre jamais, parce qu'ils ne peuvent rien fournir d'utile ? Combien d'autres qui, dans des *in-folio*, n'ont mis qu'une page ou deux de bonnes choses, qui semblent leur être échappées sans qu'ils le sussent, & qu'il faut chercher & découvrir dans un fatras de choses ennuyeuses ? Oh ! le bon Livre, le Livre curieux, qu'un *extrait des Livres qu'on ne lit point, ou qu'on ne peut lire sans ennui & sans dégout!* Un tel Ouvrage pourroit être renfermé dans deux *in-folio*, où peut-être quarante mille Auteurs seroient réduits à ce qu'ils ont écrit d'utile, & à ce qui leur appartient en propre. On posséderoit alors, dans un très-petit cabinet, une Bibliotheque très-riche, très-importante, & qu'on pourroit lire plus d'une fois dans le cours de sa vie : car, avec cet extrait, on n'auroit qu'un très-petit nombre de Livres à lire de suite.

Les bons Ecrivains ressemblent à l'abeille, dont le travail est précieux, délicat, utile aux hommes & à elle-même ; mais les Ecrivains dont je parle, semblent n'être faits, ni pour eux, ni pour les autres. Ils sont Auteurs, direz-vous ; ils ont fait un Livre. Dites plutôt qu'ils ont gâté du papier, après avoir perdu leur temps en croyant faire un Livre. Ils ne sont, tout au plus, que ce qu'ils étoient, pour ne rien dire de plus critique. Et telle est la condition de ces faiseurs de Romans, d'Anecdotes, de Contes, de Poésies badines, ou plutôt licencieuses, &c.

Ils ont du moins le plaisir de se croire Auteurs. Oui, sans doute; mais le Public fait bientôt sentir à ces Ecrivains inutiles, que leur joie sera courte. Sur la seule affiche du Livre, on méprise l'Ouvrage & l'Ouvrier, dont le monde, dit-on, pouvoit bien se passer. Ecoutons un moment un Ecrivain sage, qui a très-bien apprécié le mérite de tous ces Ecrivains frivoles, qui nous accablent chaque jour par leurs Brochures : c'est M. Querlon, bien connu dans la République des Lettres.

[L'étrange maladie d'écrire, ou de lire ce qu'on écrit, dont nous sommes depuis long-temps travaillés, augmente encore tous les jours. Les Livres semblent remplir un besoin de l'ame; il en faut pour tous les tempéraments de l'esprit, pour tous les dégrés d'intelligence; ils doivent donc n'être gueres moins variés de qualité & de substance, que les aliments dont nous usons. Considérés sous ce point de vue, bons, médiocres, foibles, insipides, &c. il n'est point de Livres qui ne trouvent des Lecteurs faits pour eux. Comme ici c'est la tête qui digere, le grand point est de bien choisir les lectures qui nous sont propres, & on a quelquefois lu pendant toute sa vie au hazard, sans avoir sû faire le choix. De-là tant d'esprits cacochymes, tant de têtes délabrées par le mauvais chyle qu'elles n'ont cessé de faire, en lisant beaucoup de choses, au moins inutiles. On se plaint de l'incontinence d'esprit, qui multiplie si prodigieusement parmi nous, & les Auteurs de toute trempe, & les Livres de toute espece, & les Lecteurs de tout calibre. Jamais on ne vit en effet de fermentation semblable à celle qui s'est faite dans les têtes depuis 25 ou 30 ans. Tout fourmille de gens de Lettres; le nom du moins est devenu si commun, si vulgaire même, qu'il est aujourd'hui presque ridicule de l'être & de ne l'être pas; cependant on veut que nous nous méfiions de cette grande fécondité; on craint qu'elle ne soit le présage d'une décadence inévitable. Les étrangers qui nous observent, nous menacent d'une révolution littéraire; on calcule déjà nos pertes, on prétend nous les démontrer. Autrefois, excepté les Clercs & les Moines, personne en France ne savoit lire : il viendra peut-être un temps où l'on aura de la peine à trouver chez nous un homme sans Lettres. Arrêtons-nous à cet objet, qui nous représente les plus agréables idées. Il y avoit dans la Palestine une Ville, appellée la *Cité des Lettres, ou des Livres, Cariat-Sepher*. Figurons-nous dans une des plus belles contrées de l'Europe, toute une nation adonnée aux Lettres : si c'est trop de la nation entiere, mettons-en du moins la moitié ; il y aura le peuple corps & le peuple esprit ; & comme le corps est communément de plus grand service que l'esprit pour une infinité d'usages, quelque attrait qu'ait pour nous le dernier, la nature seule remettra l'égalité dans ce partage. Pour le peuple corps, on n'est point en peine de sa population & de sa durée ; mais comment le peuple esprit pourra-t-il jamais devenir aussi nombreux ? Comment ? par la progression naturelle, établie dans l'ordre des choses. Pour peu que le gout de l'instruction s'étende, ou continue seulement à peu près dans la même proportion que la démangeaison d'écrire, tout le monde se trouvera plus ou moins lettré, sans presque s'en appercevoir : nous nous électrisons tous les uns les autres. Point de contagion plus subtile ;

plus prompte que celle des Livres. Les Poëtes sur-tout, engeance féconde, qui croit chez nous dans les plus arides bruyeres ; les Poëtes pulluleront bientôt sous tous les dégrés de cette région, depuis le Conquet, jusqu'à Saint-Jean-Pied-de-Porc, & dans tous les points de notre latitude.

Si tout le monde écrit & devient Auteur, que fera-t-on de tout cet esprit & de tous ces livres, dont nous sommes surabondamment excédés, inondés, submergés ? En un mot, quand tout sera dit, sur quoi l'esprit humain pourra-t-il exercer son activité ? Quand tout sera pensé, que tout sera dit, on recommencera, comme on fait depuis un temps immémorial, à penser encore, & à redire les mêmes choses ; on ne sera pas plus surchargé de la population littéraire, qu'on l'est au bout de quelque temps, de cette multitude de Livres qui n'ont qu'un instant de vie, qui naissent & meurent, qui revivent & disparoissent encore. Dans le monde moral & dans le physique, ce sont les mêmes vicissitudes. Voyez combien au printemps la terre déploie, étale de richesses ! Quel luxe ! quelle profusion de fleurs & de feuilles ! ces arbres si beaux, si touffus, sont en peu de jours entiérement dépouillés. L'hiver achevant le dégât, ne laisse aucun vestige de cette verdure qui paroit les jardins, les forêts & les campagnes. Ainsi se consume insensiblement, ainsi sera toute consumée quelque jour, cette innombrable quantité de Livres dont les Journaux marquent la naissance, il n'en restera point de traces.

Apprenez, petits Ouvrages,
A mourir sans murmurer.

Il faut l'avouer, il n'y a pas de nation pour faire rouler les Presses, comme la nation Françoise, & peut-être pour les faire gémir. Les Auteurs naissent chez nous comme les champignons, & malheureusement le plus grand nombre en a toutes les qualités. La nation s'est tournée tout-à-coup vers l'agriculture, qu'elle n'avoit que trop négligée, aussi-tôt des essaims d'Auteurs agriculteurs ont couvert toutes les campagnes, & la plupart ne la connoissoient que par les Livres de leurs Cabinets. Quelques esprits ont jugé à propos de traiter la matiere des Finances & les opérations du gouvernement, aussi-tôt mille Auteurs se sont crus Ministres, Financiers ; on n'écrivoit plus qu'impôt, politique, & cette liberté dégénérée en une sorte de manie, attira l'attention du Souverain, qui imposa silence : nous parlerons séparément de cet article. Telle est notre suffisance, de vouloir parler de tout, d'écrire sur tout, souvent sans autres connoissances que celles que nous avons acquises par quelques lectures rapides, ou dans les conversations du monde. Qui pourroit compter, par exemple, les Brochures de tous nos Romanciers & de nos petits Poëtes?

Il y a quelques années qu'on ne trouvoit point de jeune homme sortant du College, qui n'eût la démangeaison de faire imprimer un Roman, ou des Poésies fugitives. A combien de ces Ecrivains de futilités conviendroit l'Epigramme suivante de Robbé de Beauveset?

Petit Auteur, qui rampant dans la fange,
Crois tes Portraits moulés sur ceux de Michel-
 Ange,
 Tu veux donc être mis en veau?
Attends que pour toujours ta paupiere soit
 clause,
 On te reliera dans ta peau,
 Ce sera bien la même chose.

§. II.

On écrit trop au long les meilleures choses.

SI le sujet sur lequel on travaille est grand, utile, entrepris avec choix & avec discernement, on tombe souvent dans un défaut : *c'est d'écrire trop au long les meilleures choses*, & par-là on nuit au succès de l'Ouvrage.

Quand on traite un sujet, il y a des mesures à garder ; c'est le bon sens & la raison qui les déterminent. Quand on écrit, il faut du gout, de l'usage, de l'attention pour ne pas aller trop loin, comme il en faut pour ne pas demeurer en chemin avant que d'avoir atteint le terme. Ajoutez quelque chose à cette juste étendue, ou retranchez-en, alors la composition est difforme. Un homme est d'une taille avantageuse, ôtez-lui de ce qu'il a, ou donnez-lui quelque chose de plus,

vous

vous le défigurez. Ce sera un nain, si on lui ôte trop ; mais on en fera un monstre, si l'on ajoute à sa grandeur naturelle quelques dégrés de hauteur : il faut qu'il soit précisément comme il est pour être bien ; l'œil est content en le voyant, c'est une regle sure.

J'en dis autant de l'esprit : un Auteur doit remplir son dessein ; & pour plaire à ceux qui le liront, il doit particuliérement éviter d'écrire trop au long, ce qu'il écrit de bon & de raisonnable. On se plaint rarement de la briéveté, on se plaint toujours de la longueur.

Ce défaut de longueur arrive ordinairement, parce qu'on ne prend pas tout le temps qu'il faut pour borner, revoir, retrancher, réduire à une juste mesure la matiere qu'on a entre les mains. L'Auteur se répand quelquefois avec plaisir sur des endroits qu'il aime par préférence ; c'est son charme, & souvent c'est l'ennui du Lecteur, ce défaut vient aussi de ce que l'Auteur est plus prêt sur certaines choses dont il est instruit, que sur d'autres qu'il traite plus légérement. On sent son foible en le lisant, & on ne lui pardonne, ni ce qu'il écrit avec trop d'appareil, ni ce qu'il se contente de traiter superficiellement, faute de connoissances suffisantes.

Il en est ordinairement des Auteurs comme des Orateurs sacrés & profanes; les plus courts sont écoutés avec plus de plaisir, quand ils remplissent un excellent dessein, sans fatiguer leurs Auditeurs. Un homme qui parle, ou qui écrit plus qu'on ne veut, ennuie toujours; la patience échappe, & on laisse l'Orateur en Chaire, ou l'Auteur sur la table, comme on se défait d'un fâcheux qu'on rencontre.

Il est peu d'hommes du caractere de celui qui n'aimoit rien que de grand & de long, de grands habits, de grands domestiques, de grands Livres, de longs discours, &c.

Il eût sans doute chéri, avec une grande tendresse, Thomas Raserbach, Théologien Bavarois, qui ayant entrepris de composer un Traité sur le Prophete Isaïe, & de l'enseigner publiquement à Vienne, y employa vingt-deux ans, sans en achever seulement le premier Chapitre, qui demeura imparfait par sa mort.

Il est donné, heureusement, à peu d'Ecrivains d'avoir une si longue persévérance ; mais enfin plusieurs écrivent trop : leur maniere de composer est vague, & leurs Livres sont pleins d'un excès de choses, bonnes & mauvaises, d'où il arrive que les Bibliotheques sont remplies à leur tour de ce mélange inutile & fatigant.

§. III.

On écrit sans respecter les bornes prescrites à l'esprit humain, sur toutes les matieres dont la connoissance nous est refusée dans l'ordre de la Providence.

FACIENDI plures Libros nullus est finis, dit le Sage, [*Eccl.* 12.] Dieu a abandonné le monde à la dispute des Savants; mais pas un d'eux n'a pû pénétrer, par ses conjectures, les secrets de sa sagesse, [Conf. de la Sag.] qu'il n'a point voulu leur découvrir. *Mundum tradidit disputationi eorum, ut non inveniat homo opus quod operatus est Deus, ab initio usque ad finem.* [*Eccl.* 3.] Combien de systêmes physiques, dont le but est d'ébranler la Religion ! Apprenons ce que la voix de la nature nous enseigne; c'est elle qui, sans nous envoyer aux Ecoles de ses anciens, ni de ses nouveaux interpretes, nous explique elle-même les principaux mystères de la Physique. Elle le fait lorsque nous montrant le Ciel & la terre & les autres créatures, elle nous annonce que nous sommes comme elle les ouvrages du Tout-Puissant; elle nous fait lire les premières paroles du Testament du Créateur, écrites sur le soleil & sur les astres: *in principio Deus creavit cœlum & terram*; au commencement Dieu, qui étoit, créa ce qui n'étoit point encore.

De quelque qualité qu'on soit, & quelque excuse que l'orgueil, ou la négligence, ou la multitude des affaires puisse nous proposer, ne nous dispensons point d'étudier cette Philosophie: il n'y a rien de plus honorable que de la savoir, & d'en pouvoir parler dignement, ni rien de plus aisé que de l'apprendre. Tout ce qu'elle veut de nous, est que dans les heures de notre loisir, nous ouvrions les yeux, & que nous regardions le monde: *Peto nate ut in cœlum & ad terram aspicias, & ad omnia quæ in eis sunt, & intelligas quia ex nihilo illa fecit Deus*; mon fils, je ne vous demande qu'une grace, contemplez le ciel & la terre, & laissez entrer dans votre esprit les lumieres qui sortiront de-là, & qui y feront entrer avec elles la science, la piété & l'humilité. Le caractere de la vraie Philosophie, est de terminer ses spéculations par des actes d'amour divin, & par des accroissements de sainteté. Le caractere de la Philosophie fausse & corrompue, est de terminer les siennes par un accroissement de présomption, & de rendre le Philosophe plus aveugle, plus superbe qu'il n'étoit avant ses études : il veut connoître le *quomodo* de chaque chose, il s'égare, il se perd.

Une autre différence de ces deux Philosophies si contraires, est que celle-ci s'occupe à contempler & à admirer ce que Dieu nous montre de ses ouvrages, & que l'autre s'occupe à vouloir voir ce que Dieu ne veut pas que nous voyions, & ce qui doit être couvert à nos yeux. La Sagesse divine a caché dans ses productions, de certains secrets qu'il n'est point à propos que nous sachions. Les Philosophes de cette derniere Ecole entreprennent de les savoir ; & c'est pour les punir, que Dieu permet qu'ils l'entreprennent, & qu'ils se punissent eux-mêmes, en consumant leur vie à courir dans un labyrinthe ténébreux, à chercher ce qu'ils ne trouveront jamais.

Ils le cherchent en effet : tous les efforts de leurs études, durant les jours & les nuits, vont à tâcher de porter leur vue jusques dans le milieu des êtres, & jusqu'au fond des substances, & à deviner quels sont ses secrets mystérieux que le Créateur a cachés si profondément sous ces obscurités éternelles. Le malheur est qu'ils veulent dire & qu'ils veulent que l'Univers sache ce qu'ils en pensent : ils entreprennent de remporter, les uns sur les autres, l'honneur d'avoir le mieux deviné & le mieux connu, malgré Dieu, les raisons de sa conduite & les mysteres de sa Providence. Delà tous les systêmes qu'ils imaginent & qui se succedent.

C'est en les regardant, que Salomon a prononcé cette parole mémorable : *Mundum tradidit disputationi eorum*. Il permet que ces Savants s'opiniâtrent, depuis trois ou quatre mille ans, à vouloir comprendre, par exemple, quelle est la *divisibilité* qu'il a cachée dans la pointe d'une aiguille, ou quel est le ressort qui donne le mouvement au Soleil, ou à l'Océan, durant ses agitations régulieres. Tout cela, s'écrie Salomon, aussi-bien que les travaux des ambitieux, & que les soins des avares, *vanité des vanités*, maladie des hommes attachés opiniâtrément à obéir aux songes de leurs imaginations, & à passer leur vie à convaincre les autres hommes, qu'ils ont songé à la vérité.

C'est une belle parole de S. Augustin, que les Pythagore & les Démocrite s'appliquent chacun aveuglément dans leur cabinet, à former leurs rêves & leurs folies particulieres, & qu'ils viennent ensuite, dans leurs assemblées & durant leurs disputes, se dire très-sagement, les uns aux autres, qu'ils sont des foux.

Quand les impies ont quelques doutes à proposer sur les Mysteres de la Religion, ils commencent par se les proposer à eux-mêmes ; ils interrogent secrétement leur esprit, & lui demandent d'où il a sû que le monde a été fait par un Créateur, & qu'après la mort il y a un jugement, un enfer, une éternité, &c. *In cogitationibus impii interrogatio erit.* [Sap. 1.]

Les petites questions de la Philosophie du siecle, ne sont point éloignées des grandes. C'est par celles-là qu'on apprend bien vîte à se rendre maître en impiété, & à proposer hardiment à son cœur & à ses disciples, des doutes scandaleux contre les vérités éternelles. Le Manichéen qui interroge son ami, si c'est Dieu qui a fait les moucherons, est bien près de l'interroger si c'est Dieu qui a fait les hommes. Un Prince, qui demande aux Philosophes de sa Cour, si les oiseaux sont vivants, se demandera bientôt à lui-même si les Anges le sont, & s'il y a des ames immortelles.

Il en est des sciences comme des paroles ; les plus dangereuses sont les plus chastes & les plus modestes, lorsque, sous le voile de leur sagesse & de leur modestie, elles se trouvent les plus propres à porter la corruption dans le cœur, & à lui faire entendre qu'il peut penser bien des choses que le Docteur n'ose pas dire.

N'ayons point la curiosité de savoir le chemin de notre perte, & ne nous attachons à aucune doctrine, qu'à celle qui nous sert à connoître Dieu, & qui nous aide à l'aimer.

Nous sommes si près de l'autre vie, dit M. Nicole, c'est-à-dire, d'un état où nous saurons la vérité de toutes choses, pourvu que nous nous soyons rendu dignes du Royaume de Dieu, que ce n'est pas la peine de travailler à s'éclaircir de toutes les questions curieuses de la Théologie & de la Philosophie.

Cette réflexion est très-sage; & si les Savants vouloient la mettre en pratique, ils ne passeroient pas les jours & les nuits à traiter des sujets, dont la connoissance sera toujours interdite à l'homme : le temps qu'ils perdent dans ces discussions, tourneroit à leur avantage & à celui du Public, s'il n'étoit employé qu'à des Ouvrages utiles à la société.

§. IV.

On écrit sur des sujets qu'on doit s'interdire, quand on n'en a pas la mission, quoiqu'on en ait les talents.

Nous nous bornons ici aux objets qui ont rapport au Gouvernement. Les Princes étant établis de Dieu pour gouverner les Provinces, à la tête desquelles sa Providence les a placés, il est dans l'ordre de cette même Providence, que leurs Sujets respectent leurs Personnes, & soient soumis à leurs commandements.

Il n'est pas moins important de ne pas juger la maniere dont la chose publique est gouvernée dans un Etat. Outre que nous ne sommes pas chargés de réformer la conduite de ceux qui nous gouvernent, c'est qu'étant nés pour être gouvernés, notre devoir est de suivre l'impression générale, que celui qui tient les rênes du Gouvernement, croit devoir donner à l'administration de chacune des parties qui composent l'État qui lui est soumis.

Il est le centre auquel se rapportent les besoins de tous : tous les rayons du cercle aboutissent à ce centre, & il fait tout mouvoir pour le bien général & particulier de ses Sujets. Si les choses n'étoient pas ainsi, cette situation violente ne changeroit rien à notre position : elle est immuable dans les loix de la Providence ; & tout ce que nous pourrions nous permettre de croire, c'est qu'il seroit alors dans l'ordre des décrets de cette Providence, que nous fussions gouvernés d'une maniere contraire aux principes de la Justice ; il faudroit se taire, & adorer la profondeur de ses décrets.

Mais sans supposer des extrêmités dont Dieu ne permettra pas que nous soyons les témoins, dans un Royaume sur-tout où sa Loi est notre regle, & où l'esprit de sagesse est celui de nos Souverains, il est difficile de penser que tout ce qui se fait & tout ce qui s'ordonne, réunit en sa faveur les suffrages de la multitude, s'il étoit permis à tous de dire son sentiment.

Il y a deux grands ressorts de la conduite des hommes dans leurs jugements, la fantaisie & la raison. La raison, qui ne consiste que dans un point, est une connoissance véritable des choses telles qu'elles sont, qui fait que nous en jugeons sainement, & que nous les aimons, ou les haïssons, les approuvons, ou les condamnons, selon qu'elles le méritent : la fantaisie est une impression fausse que nous nous formons des choses, en les concevant autres qu'elles ne le sont, ou plus grandes, ou plus petites, plus avantageuses, ou plus fâcheuses, plus justes, ou moins équitables qu'elles ne sont effectivement ; ce qui nous engage en plusieurs jugements faux, & produit en nous, sur ces mêmes

en matière de Religion. 235

choses, des affections déraisonnables. Si l'on joint, à ce que nous appellons ici fantaisie, les effets que produit en nous la prévention, qui peut en être la suite, mais qui peut avoir aussi autant de sources différentes, qu'il y a de passions diverses, dont notre cœur peut être agité, combien peut-il être rare qu'il y ait des personnes capables de juger uniformément & sainement de la conduite de ceux qui nous gouvernent, & d'écarter de leurs jugements toutes les impressions qu'ils pourroient recevoir de la fantaisie, ou de la prévention ?

Il ne doit pas naturellement y avoir tant d'embarras dans les jugements que l'on peut porter sur les choses qui ne touchent pas au Gouvernement, & qui n'ont trait qu'aux actes, ou aux événements ordinaires de la société entre les hommes, aux Sciences, aux Arts, &c. Ces objets ne sont pas le théâtre des grandes passions, ni des grands intérêts, & l'on voit cependant les sentiments partagés sur les plus petits de ces événements. De ces diversités d'opinions, il résulte souvent des divisions dans les familles, des ruptures entre des amis, des mouvements même dans les Corps de l'Etat.

Si donc dans des matieres si légeres, les différents jugements que les hommes en portent, parce que ces objets sont livrés par leur nature à leur dispute, & qu'il faudroit une vertu bien grande, pour les engager à s'abstenir de produire leurs sentiments, dès qu'ils peuvent appercevoir qu'il peut en résulter des suites fâcheuses : si ces différents jugements entraînent avec eux des conséquences funestes, que n'auroit-on pas à redouter de la liberté que l'on prendroit de juger de même des affaires d'Etat ?

Non-seulement la fantaisie, la prévention, qui dominent la plus grande partie des hommes, pourroient dominer elles-mêmes, &

diriger les jugements du plus grand nombre ; mais en pareille matiere, les plus grandes passions pourroient occasionner les plus grandes agitations. Et quels moyens les gens sages, qui, dans leurs jugements, ne seroient certainement conduits que par la raison, pourroient-ils employer pour ramener la multitude ? La raison est, comme nous venons de le dire, la connoissance véritable des choses telles qu'elles sont. Ces gens sages pourroient-ils souvent avoir cette connoissance véritable des choses, & à l'aide de cette connoissance, se roidir contre le torrent ? Il est une infinité d'opérations dans un vaste Empire, dont la base est inconnue, & fait partie du secret de l'Etat : cette base, connue des gens sages comme de ceux qui ne le sont pas, porteroit l'évidence dans les esprits, & rectifieroit les jugements de ceux qui s'égarent : mais des motifs plus importants encore obligeant à la celer, l'opération reste à la merci des passions des hommes, & leurs jugements, si on se croit permis d'en porter en cette matiere, peuvent, par leur diversité, & par l'aigreur ou le mécontentement qui en seroient une suite, causer dans un État des commotions capables de nuire au salut & à la tranquillité générale.

La vue de tels inconvénients paroît devoir suffire pour détourner même les personnes qui ne seroient pas ordinairement conduites par la raison, à s'abstenir de vouloir porter leurs jugements sur de pareilles matieres. Rarement la fantaisie & la prévention offusquent-elles l'esprit des hommes, au point de les aveugler sur leurs propres intérêts; & c'est par cette seule considération, que l'on se propose ici de les dissuader de produire leurs sentiments sur des choses, dont les personnes les plus sages peuvent, le plus souvent, ne pas être à portée de

en matière de Religion. 235
juger elles-mêmes, par le défaut de la connoissance véritable de l'état de ces mêmes choses, sans laquelle ils courent le risque inévitable de s'égarer dans leurs jugements.

Il semble, dit un Auteur, qu'un Ouvrage ne seroit pas bon, s'il ne contenoit la satyre de ceux qui sont en dignités. On fait servir jusqu'aux Ouvrages philosophiques, à la démangeaison qu'on a de blâmer & de critiquer. Il n'est jamais permis à des sujets d'écrire contre le gouvernement; s'ils ont des lumieres & des connoissances sur cet objet, qu'ils donnent dans le secret des Mémoires aux Ministres; mais qu'ils ne se répandent point dans des invectives & dans des clameurs, qui ne peuvent engendrer que des murmures & soulever les esprits.

La fureur de vouloir mettre au jour du nouveau, produit bien des inepties. Si chacun se renfermoit dans sa sphere, un Ecrivain sans caractere & sans autorité, ne s'aviferoit pas de vouloir corriger les Princes & les Ministres. *Les têtes françoises sont un peu girouettes*, disoit un Académicien ; & c'est la meilleure réponse qu'on puisse donner à ceux qui nous reprochent nos écarts.

Tous les faiseurs de projets n'ont pas le maniement des affaires, & n'apperçoivent pas les difficultés. Il faut être dans le Cabinet des Princes, voir le centre où tout aboutit, pour tirer des lignes dans une juste direction. Avec une plume & du papier, on trace les plus beaux plans de réforme ; rien ne nous résiste, quand nous écrivons dans le particulier : on tranche, on coupe comme on veut, quand ce n'est qu'en idée, & on se croit législateur. Que des Ministres, qui ont vieilli dans les affaires, que des Magistrats, qui connoissent les hommes & les Loix, conçoivent des plans d'amélioration & les proposent ; je les écoute : ils sont faits pour parler, parce qu'ils

en matiere de Religion. 237
sont instruits. Mais qu'un Particulier, qu'un Savant, qui n'est que savant, qu'un Philosophe, qui n'est que philosophe, dont la vie n'a nul rapport avec la manutention de l'Etat, se mette sur les rangs pour donner des projets & des plans de législation & d'administration ; ce n'est souvent qu'un Ecrivain qui a de beaux rêves, & qui les débite agréablement.

CHAPITRE III.

On n'écrit point assez.

LA paresse, la méfiance de ses propres forces, la modestie & la retenue sont les causes de ce mal, qui prive souvent le Public d'un grand nombre d'Ouvrages utiles & curieux.

Je ne sais par quelle fatalité, pour des Lettres, on trouve toujours des hommes paresseux & savants tout à la fois, comme si ce vice entroit dans le caractere d'un homme spirituel, ou du moins qu'il en fût presque inséparable. On en cherche quelquefois des raisons, prises dans la nature, la délicatesse des organes, l'abondance des lumieres, la peine qu'a un bon esprit à se contenter, ce sont souvent des prétextes frivoles dont autorise sa négligence. Combien avons-nous d'excellents Livres, travaillés par des hommes aussi spirituels, aussi délicats & aussi érudits que le sont ceux que je blâme ici ? Vous en trouverez de plus sinceres, qui avouent, sans façon, que le plaisir d'être paresseux leur semble préférable au plaisir de composer un Ouvrage.

La méfiance de ses propres forces retient quelques-uns dans le silence; ils ne savent pas tout ce qu'ils peuvent. La timidité répand sur leur esprit un voile qui les embarrasse, qui leur dérobe une partie de leurs lumieres, qui leur cache tout ce qui anime les autres à travailler, qui les rend incertains, inconstants, toujours prêts à laisser imparfait ce qu'ils ont commencé; bien différents de ces Ecrivains hardis, présomptueux, qui, sans presque lever la plume, commencent & achevent un Ouvrage.

La modestie & la retenue sont fort louables; mais il est des Savants qui connoissent toutes leurs forces, qui en ont fait l'épreuve, & qui font un tort irréparable aux sciences, en se retranchant dans un silence timide. Ils sont à la vérité en plus petit nombre que ceux en qui l'on remarque une inclination contraire. Il seroit avantageux que ce petit nombre fût rempli de ce qu'il y a de trop dans l'autre.

Quelle eût été la destinée des Lettres, si tant d'habiles Auteurs, dans le sacré & dans le profane, avoient suivi les maximes de ceux qui, avec les mêmes talents, refusent aujourd'hui d'écrire? Le fameux Apostat, l'Empereur Julien, qui défendoit autrefois aux Chrétiens la lecture & l'usage des Livres, savoit ce qu'il en avoit à craindre. Il faut des guides pour éclairer; & où les chercher, si ce n'est parmi les vrais Savants? Il y a des temps où une indiscrete retenue est une espece de crime, sur-tout quand il s'agit des intérêts de Dieu & de la Religion.

On pourroit ajouter d'autres réflexions sur ce point, & sur les fautes que les Auteurs commettent, en écrivant mal, en écrivant trop, ou en n'écrivant point assez. Mais il est temps de parler des remedes qu'on peut y appliquer.

Ne perdons point de vue les principes solides, rapportés au commencement de cet Ecrit, pour apprendre à gouverner la langue. Ils sont également nécessaires pour régler l'usage de la plume; je ne ferai qu'y changer les termes de parler & de se taire, en ceux d'écrire & de ne pas écrire, ou de retenir sa plume.

CHAPITRE

CHAPITRE IV.
Principes nécessaires pour s'expliquer par les Ecrits & par les Livres.

PREMIER PRINCIPE. On ne doit jamais cesser de retenir sa plume, si l'on n'a quelque chose à écrire qui vaille mieux que le silence. Sur ce principe, tout ce qu'il y a de mal dans les Auteurs pernicieux & ce qu'il y a de trop dans les autres, comme je l'ai marqué en détail, doit être le sujet ordinaire de leurs réflexions les plus sérieuses.

Combien seroit-il avantageux aux Ecrivains de mauvais Livres, que la plume leur fût tombée des mains, avant que de répandre sur le papier le poison de tant de satyres infames, d'amours criminels & d'erreurs dans la Foi ? Le silence valoit certainement mieux que l'exposition de ces désordres. Le silence est

L

donc le parti qui convient aux esprits libertins & corrompus. S'ils ne le prennent pas par choix, il est de l'intérêt de la Religion & de la saine politique, de les y réduire par des moyens efficaces. Un homme attaqué d'une maladie contagieuse, est exclus de la société, pour le bien même de cette société. La Justice frappe de son glaive ceux qui troublent l'ordre civil, qui dépouillent les autres de ce qui leur appartient. Un Ecrivain qui, dans ses écrits, blasphême contre Dieu, s'éleve contre la Religion, corrompt les mœurs, est-il donc moins coupable ? On n'offenseroit point impunément le Prince, & on attaqueroit Dieu même avec impunité. On fermeroit les yeux sur ces productions impies, sur ces Ecrits où la pudeur est raillée, outragée ; où l'on apprend à ne rougir que d'être Chrétien, patriotique & vertueux. Une tolérance semblable, en détruisant les fondemens de la Re-

en matière de Religion. 245

ligion & la regle des mœurs, romproit les liens les plus sacrés qui attachent le Sujet au Souverain, renverseroit toute distinction, toute dépendance, toute union dans la société; & quel seroit le sort d'une Nation, où de semblables Ecrivains seroient regardés comme les oracles du siecle? Je le répete, la Religion & la politique bien entendue, ont un intérêt égal à se prêter mutuellement la main, pour s'opposer à cette contagion, aussi funeste à l'Eglise qu'à l'Etat: & quand je parle ainsi, je ne fais que rendre les sentiments d'un célebre Magistrat que j'ai déjà cité, dans son Requisitoire du 27 Janvier 1759.

« De pareils excès, dit-il, n'exigent-ils pas les plus grands remedes? La Justice ne devroit-elle pas se montrer dans toute sa sévérité, prendre le glaive en main, & frapper, sans distinction, les Auteurs sacrileges & séditieux que la Religion condamne, & que la patrie désavoue ? Des hommes qui abusent du nom de Philosophe, pour se déclarer, par leurs systêmes, les ennemis de la Société, de l'Etat & de la Religion, sont, sans doute, des Ecrivains qui mériteroient que la Cour exerçât contre eux toute la sévérité de la puissance que le Prince lui confie ; & le bien de la Religion pourroit quelquefois l'exiger, de l'attachement de tous les Magistrats à ses dogmes & à sa morale. Vos prédécesseurs, Messieurs, ont condamné aux supplices les plus affreux, comme criminels de lèze-majesté Divine, des Auteurs qui avoient composé des vers contre l'honneur de Dieu, son Eglise, & l'honnêteté publique ; ils ont déclaré soumis à la peine des accusés, ceux qui s'en trouveroient saisis, & les Libraires furent décrétés de prise-de-corps, & poursuivis suivant la rigueur des Ordonnances.] Arrêt du 19 Août 1623 contre Théophile, Berthelot, &

Par un Arrêt du Conseil Privé de Louis XIII, du 14 Juillet 1633, les Ouvrages de Guillaume de Saint-Amour furent supprimés, avec défense, sous peine de la vie, à tous Imprimeurs & Libraires de les exposer en vente, ni débiter, & à tous autres d'iceux, ne tenir, ni avoir pardevers eux, sous peine de trois mille livres d'amende.

En effet, dans quel Etat souffriroit-on les empoisonneurs attenter publiquement à la vie des citoyens? & pourquoi voudroit-on que la Religion & les mœurs soient un objet moins précieux, que la vie du corps, aux yeux des Souverains qui aiment la Religion? Si l'Eglise de Jesus-Christ, dit Monseigneur l'Archevêque de Paris, dans son Mandement du 24 Janvier 1768, est affligée par les scandales de l'incrédulité, & que l'autorité spirituelle ne puisse pas en arrêter le progrès, n'est-il pas juste que le Prince vienne à son secours, en imprimant aux coupables la terreur du *glaive qu'il ne porte pas en vain*, & que Dieu lui a confié, comme au *Ministre de sa vengeance* ?

L'erreur a été constamment regardée par les Princes Catholiques, comme un des maux qu'ils doivent arrêter par la crainte du châtiment, & même punir en cas d'opiniâtreté. « Les Princes Chrétiens, dit M. Bossuet, sont en droit de se servir de la puissance du glaive contre leurs Sujets, ennemis de l'Eglise & de la saine Doctrine : c'est une chose qu'on ne peut révoquer en doute, sans énerver la puissance publique. Je ne connois parmi les Chrétiens, que les Sociniens & les Anabaptistes, qui s'opposent à cette Doctrine. Le droit est certain ; mais la modération n'est pas moins nécessaire. *Hist. des Variat. L. 10. n. 56.* Ceux qui ne veulent pas souffrir que le Prince use de rigueur en matiere de Religion, parce que la Religion doit être libre, sont dans

en matière de Religion. 247
une erreur impie. *Polit. L.* 7, *art.* 3.] Il ne faut pas dire, selon le célebre Abbé Fleury, que le Prince n'a pas droit sur les opinions des hommes; il a droit au moins d'empêcher qu'on n'en fasse paroître de mauvaises; & il ne doit pas être plus permis de parler contre l'honneur de Dieu & les dogmes de la Religion, que contre le respect qui est dû au Prince, contre les maximes fondamentales de l'Etat, & contre les bonnes mœurs. *Instit. au Droit Ecclés. p.* 316. Comment des Rois servent-ils le Seigneur dans la crainte, demande S. Augustin, sinon en interdisant & en punissant, même avec une religieuse sévérité, ce qui se fait contre ses ordres?

L'Eglise est, à la vérité, une mere tendre & compatissante, qui ne demande pas la mort du pécheur : elle désire avec ardeur qu'il vive & qu'il se convertisse ; c'est le but de ses travaux ; c'est l'objet

L 4

de ses larmes & de ses prieres ; mais sa tendresse a des bornes. Sans cela, pour nous servir des termes de M. Bossuet, on pourroit blasphémer sans craindre, à l'exemple de Servet ; nier la divinité de Jesus-Christ ; préférer la Doctrine des Mahométans à celle des Chrétiens : on appelleroit heureuse la contrée, où l'Hérétique est en repos aussi-bien que l'Orthodoxe ; où l'on conserve les viperes comme les colombes ; où ceux qui composent les poisons, jouissent de la même tranquillité que ceux qui préparent les remedes. On perce la langue à ceux qui blasphement par emportement, & on se garderoit de toucher à ceux qui le font par maximes & par dogme. Eh ! quelle Nation voudroit accorder ce privilege au blasphême, & voir tranquillement l'impiété lever l'étendart au milieu des peuples ? Quand on ose élever sa voix contre Dieu, on méconnoît bientôt ceux qui, sur la terre, en sont les images; nos Auteurs Philosophes en sont la triste preuve; ils ont également attaqué la Divinité & le Gouvernement, & ils ont prouvé aux Souverains de la terre, par leurs écrits séditieux, qu'ils ne sont pas moins les ennemis de Dieu, que ceux des Rois.

Second Principe. *Il y a un temps pour écrire, comme il y a un temps pour retenir sa plume.*

Il seroit injuste de trouver à redire qu'un homme d'esprit écrive; mais il y a un temps pour le faire. 1°. Quand on a un fonds suffisant de doctrine; quand l'esprit est plein de sa matiere; quand on est bien instruit, avant que d'entreprendre d'instruire les autres. On diroit d'un homme qui, sans provisions, s'embarqueroit pour un voyage de long cours. Le contretemps d'un Auteur qui, dépourvu de tout, entreprend de traiter un sujet, n'est pas moins ridicule. 2°. Il faut écrire, quand l'ame est dans une situation propre à le faire. Le trouble, la colere, l'inquiétude, le chagrin, toutes les passions froides, ou ardentes, glacent l'esprit, ou l'emportent trop loin; delà tant d'Ouvrages fades, ou trop satyriques; c'est l'affaire d'un homme qui se possede tout entier, qu'un Livre bien écrit. 3.° Quand la Religion, l'Etat, l'honneur, ou quelque intérêt considérable, sont attaqués, c'est souvent un temps d'écrire. Les Loix divines & humaines le permettent & l'ordonnent, mais à ceux qui ont reçu les talents propres à leur défense, qui ont les lumieres nécessaires: ceux qui n'ont qu'une bonne volonté & du zele, sans les lumieres propres, doivent avoir assez d'humilité pour ne point se mettre au rang des Ecrivains.

Troisieme Principe. Le temps d'écrire n'est pas toujours le premier dans l'ordre; & on ne sait jamais bien écrire, si l'on n'a su auparavant

en matière de Religion. 251
retenir sa plume. Ce Principe est une suite naturelle du précédent : c'est dans le temps du silence & de l'étude, qu'il faut se préparer à écrire ; il est des Livres précoces comme des fruits. Pourquoi vous avancez-vous si fort ? Pourquoi vous précipitez-vous, emporté par la passion d'être Auteur ? Attendez, vous saurez écrire, quand vous aurez su vous taire & bien penser.

QUATRIEME PRINCIPE. *Il n'y a pas moins de foiblesse, ou d'imprudence à retenir sa plume, quand on est obligé d'écrire, qu'il y a de légéreté & d'indiscrétion à écrire, quand on doit retenir sa plume.*

Il faut appliquer cette maxime dans les occasions importantes. Manquez ces occasions, votre silence & votre tranquillité auront des suites fâcheuses : l'ennemi s'en prévaudra, l'honneur, l'État & la Religion en souffriront ; mais soyez attentifs à bien distinguer ces grandes conjonctures où il faut écrire ;

L 6

d'avec celles qui ne le méritent pas, &, où il y a de l'imprudence à le faire. Ce discernement est l'effet d'un jugement sain & d'une expérience éclairée. Un Auteur a, plus que personne, besoin de conseil & d'amis sinceres.

CINQUIEME PRINCIPE. *Il est certain qu'à prendre les choses en général, on risque moins en retenant sa plume, qu'en écrivant,* je dis, *à prendre les choses en général*; car il est des occasions particulieres qu'il faut en excepter, comme je viens de le dire. A cela près, que risquera-t-on en retenant sa plume ? quelque satisfaction d'avoir écrit ; quelque réputation passagere, & exposée au caprice d'un Lecteur ; quelques moments d'occupation, qui ont aidé à passer plus agréablement le temps : encore faut-il, pour risquer véritablement de perdre ces avantages, qu'on écrive avec succès. Sans cela, le chagrin & le mépris sont la destinée des Auteurs.

en matière de Religion. 253

Un homme sage, & capable d'écrire, interrogé quand il prendroit donc la résolution de faire un Livre ? *Ce sera*, répondit-il, *quand je m'ennuierai de faire autre chose, & que je n'aurai plus rien à perdre.* Je laisse aux Ecrivains empressés le soin de développer tout le sens de cette réponse.

Sixieme Principe. *Jamais l'homme ne se possede plus que dans son application à retenir sa plume; sans cette précaution, il écrit trop, & il se répand, pour ainsi dire, au-dehors de lui-même; de sorte qu'il est moins à soi, qu'aux autres.* Cette réflexion est une des plus importantes pour les Savants qui écrivent ; rien ne leur est d'une nécessité égale à celle de se posséder, & de n'être pas prodigues d'eux-mêmes à l'égard du Public. Il faut du sang froid & de la présence d'esprit pour écrire : on en manque, lorsqu'on s'avance trop ; mille choses échappent, qu'il falloit retenir, & le Public les releve. Tel

Auteur a échoué aux derniers volumes de ses Ouvrages, qui avoit mérité par les premiers, une approbation dont il avoit sujet d'être content. Il s'est égaré, en voulant trop étendre son sujet ; il s'est perdu.

Septieme Principe. *Quand on a quelque chose d'important à écrire, on doit y faire une attention particuliere : il faut y penser souvent ; & après ces réflexions, y penser tout de nouveau, pour n'avoir point sujet de se repentir, lorsqu'on n'est plus maître de retenir ce qui est écrit.* Il y a long-temps qu'on l'a dit : ce qui est écrit, demeure écrit. Les paroles passent, on les tourne, on les change, on les adoucit ; mais l'écriture ne souffre point de pareilles altérations. Le terme injurieux dans un Livre, est toujours une injure ; l'expression indécente est une infamie ; & la doctrine erronée d'un écrit, est la marque d'un Auteur dangereux, quelque sens détourné qu'il emploie pour en déguiser la

en matiere de Religion. 255

malignité. L'attention doit donc être extrême, à ne rien écrire qui n'ait été sagement médité. On est le maître de penser ; on ne l'est plus des pensées écrites & abandonnées au Lecteur.

HUITIEME PRINCIPE. S'il s'agit du secret, on ne doit jamais l'écrire : la réserve, en cette matiere, n'a point d'excès à craindre. Il suffit de connoître la nature du secret, pour juger qu'il n'y a point d'exagération dans cette maxime. A peine le secret est-il assez caché dans l'ame de celui à qui on le confie : que seroit-ce donc, si on étoit assez indiscret pour le répandre dans un Ouvrage ?

NEUVIEME PRINCIPE. La réserve qui est nécessaire pour retenir la plume, n'est pas une moindre vertu que l'habileté & l'attention à bien écrire; & il n'y a pas plus de mérite à expliquer ce qu'on sait, qu'à bien taire ce qu'on ignore. Rien de plus aisé, en apparence, que de cesser d'agir ; l'action au contraire a ses peines &

ses embarras. Ecrire bien, paroît donc une entreprise plus difficile que de ne rien écrire; je l'avoue; mais ne rien écrire, & retenir sa plume par sagesse, par réserve, par précaution, c'est une violence pour plus d'un Auteur. Ce penchant les porte à écrire; c'est un poids qui les entraîne. C'est donc gagner beaucoup sur soi, que de s'arrêter dans ce penchant, & de sacrifier à propos l'amour-propre à la prudence.

J'ai ajouté qu'il n'y a pas plus de mérite à expliquer ce qu'on sait, qu'à bien taire ce qu'on ignore. Le premier est naturel; on parle, on écrit volontiers sur ce que l'on sait; c'est un mérite commun. L'autre est plus rare; on n'aime pas la réserve, qui pourroit faire soupçonner de l'ignorance; quelquefois on écrit ce qu'on sait & ce qu'on ne sait pas assez, avec une égale présomption, pour paroître avoir quelque habileté. C'est donc un mérite, que de bien taire ce qu'on ignore.

DIXIEME PRINCIPE. *La réserve à écrire tient quelquefois lieu de sagesse à un sot, & de capacité à un ignorant.* Un ignorant, qui sait se borner, écrit peu, ou n'écrit point, ce qui est encore mieux. Par-là il jouit d'une espece de réputation heureuse qu'il ne mérite pas, & qu'il détruiroit en écrivant davantage. Il est sage, dit-on, il a un bon sens, pense beaucoup & s'explique peu. On le dit, plusieurs le pensent, au moins ceux qui ne connoissent cet homme que par sa réserve. En tout cas, le parti qu'il prend est le meilleur. Car, selon la maxime qui suit :

ONZIEME PRINCIPE. *Si on est porté à croire qu'un homme qui n'écrit pas manque de talents, & qu'un autre qui accable d'écrits le Public est un fou ; il vaut encore mieux passer pour manquer de talents, en n'écrivant pas, que pour un fou, en s'abandonnant à la passion de trop écrire.* La réputation de folie est odieuse ; il n'y a que ceux qui en font un ridicule métier, ou qui sont fous sans le savoir, qui puissent s'en accommoder. La réputation d'un homme à talents médiocres, est plus commode, on n'attend rien de son esprit ; pour peu qu'il donne, on lui en sait gré : s'il ne donne rien, on ne lui en fait pas de reproche ; on n'en doit rien attendre.

DOUZIEME PRINCIPE. *Quelque penchant qu'on ait à retenir sa plume, on doit toujours se méfier de soi-même ; & pour s'empêcher d'écrire une chose, il suffit qu'on ait trop de passion pour l'écrire.* Je l'ai déja dit : l'homme doit se posséder pour écrire d'une maniere raisonnable ; mais ce n'est pas dans le temps où la passion parle, que l'homme se possede. Trop d'envie d'écrire une chose, n'est pas toujours une passion repréhensible ; mais ce doit toujours être un temps suspect à un Ecrivain sage & discret. Cet empressement est du moins un commencement de pasen matiere de Religion.

sion, quelques réflexions sur ce qu'on veut écrire, & sur la maniere dont on le veut, ne gâtent rien. C'est un remede aisé ; il ne faut qu'un retour d'esprit, qu'une pensée, pour calmer & rectifier un premier mouvement.

J'ajouterai deux réflexions particulieres. La premiere, est que les principes & les maximes rapportés, pour apprendre à faire un bon usage de la plume, étant un fonds abondant d'instructions, chaque Auteur doit en faire une application utile à ses Ouvrages, pour se critiquer soi-même, s'il *écrit mal*, s'il *écrit trop*, ou s'il *n'écrit pas assez*. J'en ai passé à dessein sous silence, qui se sont présentés à moi, en écrivant ces remarques, ou plutôt leurs Livres m'en ont rappellé le souvenir ; car les Ecrivains n'osent pas toujours paroître. Il arrive souvent que sans nom, sans aveu, sans marque, ni du lieu où ils écrivent, ni du lieu où leurs Ouvrages ont été mis au jour, les Livres se trouvent entre les mains des Lecteurs, qui ne les attendoient pas plus, qu'on attend ces fruits du crime, exposés à l'aventure par des parents coupables.

Qu'ils s'appliquent donc, ces Auteurs criminels & cachés, de même que ceux dont j'ai supprimé le nom, qu'ils s'appliquent ici ce qui leur convient. Je n'exhorte pas moins ceux qui n'écrivent pas assez, à remplir leurs devoirs avec autant de prudence, que d'utilité pour le Public.

Seconde réflexion. Tout ce que j'ai exposé dans l'article des Ecrivains, est d'une importance singuliere, par rapport à la Religion : c'est une matiere sur laquelle on n'écrit pas sans conséquence. Un mot, une lettre mal tournés, retranchés, ou ajoutés, font naître des erreurs, des schismes, des hérésies, qu'on ne peut éteindre ensuite qu'avec des soins & des peines infinies. Que seroit-ce donc, si on remplissoit le monde d'Ecrits pernicieux, & si on négligeoit d'y en faire paroître d'utiles ? Les premiers sont un poison dangereux ; ceux-ci en sont le remede. Si le poison dominoit, la Religion ne seroit-elle pas détruite, & le monde corrompu sans ressource ? Appliquez-y le remede, l'un & l'autre seront conservés.

Les hommes sensés & prudents conviendront, sans doute, de la vérité des Principes établis dans cet Ouvrage : nos Philosophes modernes en conviendront-ils également ? Nous le désirons ardemment pour la gloire de la Religion, la tranquillité de l'Etat, le bien de la société & la pureté des mœurs.

CHAPITRE V.

Dangers de la lecture des Ouvrages contre la Religion & les mœurs.

IL seroit sans doute inutile de faire ici une longue dissertation, pour prouver le danger des mauvais Livres. C'est d'eux dont on doit dire, qu'ils pénétrent comme l'huile; qu'ils s'insinuent comme le poison lancé par la vipere, ou par le scorpion; mais sans entrer dans des détails qui nous meneroient trop loin, attachons-nous à vous faire voir que les mauvais Livres, en corrompant le cœur & en offusquant l'esprit, ont tous les dégrés de malice & de perversité.

Le cœur n'étoit-il donc pas assez corrompu par lui-même, depuis le péché de notre premier Pere, sans lui donner encore de nouveaux moyens de se pervertir? Il semble qu'on prend à tâche de faire regner la concupiscence sur les débris de l'innocence & de la vertu, & qu'on n'existe que pour se fortifier dans le désordre & dans la dissolution. Combien de stratagêmes imaginés, à dessein d'éteindre dans les ames toute idée de pudeur & de Religion, à dessein de déraciner les sentiments qu'une éducation chrétienne avoit fait germer ? Tantôt des peintures lascives, & tantôt des chants efféminés, deviennent des occasions de prostitution : ici les mauvais exemples séduisent ; là les mauvais Livres insinuent le venin de la corruption & de l'impiété.

Ce seroit ici le lieu de représenter tout le ravage qu'une mauvaise lecture est capable de faire dans un cœur ; mais qu'ai-je besoin d'autres images pour le prouver, que ce qui se passe en nous-mêmes depuis que nous lisons les productions des libertins & des impies ?

N'est-ce pas à cette source empoisonnée qu'on a puisé ce goût pour tout ce que l'Evangile condamne & maudit, cet amour pour le crime, & cette haine pour la piété, qui nous fait répandre une odeur de mort par-tout où nous passons ; que nous avons pris cet air & ce ton efféminé qui nous rendent les délices des méchants, le fléau des gens de bien, qui nous ferment le chemin du ciel, qui vous ouvrent celui de l'enfer ?

Ah ! nous ne sommes plus reconnoissables, depuis que les Ouvrages à la mode ont passé entre nos mains. Ils ont fait disparoître, & cette ferveur qui nous excitoit à la pratique des bonnes œuvres, & cette crainte des jugements de Dieu qui nous tenoit continuellement dans l'humiliation & dans l'effroi, & cette pieuse & sainte coutume qui nous conduisoit aux pieds des Autels, pour nous nourrir de la chair de Jesus-Christ même : ils ont étouffé ces remords qui nous alarmoient sitôt que nous avions péché ;
ils

ils ont éteint ces étincelles de charité qui nous faisoient méprifer les chofes de ce monde, & défirer les biens immortels.

Eft-il poffible que des Chrétiens fe plaifent à lire des Ouvrages contre le Chriftianifme; que des hommes, qui fe glorifient d'avoir des mœurs, aiment à fe repaître de tout ce qui bleffe la pureté; que des fujets qui affichent la foumiffion & la docilité, chériffent des principes qui ne prêchent que l'indépendance & la révolte ?

Cependant ces contradictions ne font que trop évidentes & trop réelles. Qu'apperçois-je dans nos maifons, fi ce n'eft des Livres qui alarment les confciences timorées, & qui effarouchent la modeftie ; des Livres où le vice eft embelli fous le coloris d'un ftyle féducteur, où notre ame eft confondue avec l'inftinct des animaux, où l'exiftence de Dieu lui-même eft mife en problême, & où fon faint Nom eft

M

blasphémé ? Et, le dirai-je ? des peres, oui des peres, non contents de pervertir leurs enfants par de mauvais exemples, mettent entre leurs mains des Ouvrages dont les maximes font horreur.

Non, nous n'aurions jamais trouvé dans les maisons des Païens, ce qui se trouve dans les nôtres. Quel est l'Idolâtre qui se fasse gloire de lire un Ouvrage contre les Idoles qu'il adore ? Quel est le Mahométan qui se vante d'avoir un Livre contre Mahomet ? Quel est le Protestant qui se nourrisse des principes opposés au Protestantisme ? Ah ! il n'y a que nous, membres de Jesus-Christ, enfants du vrai Dieu, disciples d'une morale toute sainte, qui prenons plaisir à voir notre croyance attaquée, à lire des horreurs & des blasphêmes, à souiller notre cœur dans des lectures empoisonnées.

Ne savons-nous pas que ce malheureux cœur, comme l'organe &

le jouet des passions, ne cherche qu'à s'éloigner de Dieu, & que c'est l'abandonner à toute la violence de ses mauvais penchants, que de lui présenter le vice sous de brillantes couleurs ? La plupart des Livres que chaque jour voit éclorre, & que la multitude recherche avec avidité, n'ont pour but que de flatter les sens, & d'étourdir l'homme sur ses propres devoirs. C'est par ce malheureux canal, que le libertinage gagne de ville en ville, comme un torrent qu'on ne peut plus arrêter. A peine un jeune homme a-t-il atteint l'âge de quinze ans, qu'il connoît les noms & les productions de ces misérables Auteurs qui donnent le ton, & qu'il se fait gloire de les suivre & de les citer.

Que sont devenus ces temps, où l'on eût regardé comme un monstre & comme un apostat, quiconque eût osé lire le moindre Ouvrage contre la Religion & contre l'Etat ? Hélas ! on ne brille aujourd'hui dans les sociétés, on n'est loué & recherché, qu'autant qu'on a sur les levres & dans le cœur la morale antichrétienne & corrompue des Epicures modernes, qu'autant qu'on se distingue du reste des hommes, par une profession de ne rien croire & de ne rien espérer.

Grand Dieu ! pouviez-vous manifester sur nous votre colere d'une maniere plus terrible, qu'en permettant les excès de cette multitude d'Auteurs, qui ne cherchent qu'à nous corrompre & qu'à nous aveugler ? Il est vrai que vous nous l'aviez prédit ; mais la séduction ne pouvoit aller plus loin. Il n'y a point de titres qu'on n'imagine, point d'aventures qu'on ne suppose, point de maximes qu'on ne hasarde, pour persuader le vice & l'irréligion. On sait que les passions aiment la vie sensuelle, & on les sert selon leur gré ; on sait que la crainte empêche le plus grand nombre des hommes de s'abandonner à des excès ; & l'on fait tous ses efforts pour chasser cette crainte, soit en attaquant le dogme de l'enfer comme une chimere qui n'a, ni vraisemblance, ni vérité, soit en couvrant de ridicule ceux que la vue de l'éternité fait trembler.

Quiconque aime le danger, y périra, nous dit Jesus-Christ, *quicumque amat periculum, in ipso peribit*; & c'est, sans contredit, aimer le plus grand des périls, que de lire quelque Ouvrage contre la Religion, ou contre les mœurs. Le cœur, toujours avide à saisir tout ce qui peut favoriser ses inclinations, se remplit avec joie des maximes corrompues; & comme sa fonction est d'aimer, & non de raisonner, il souscrit, sans examen, à tout ce qui lui paroît agréable & commode.

Delà vient que les raisonnements les plus sophistiques & les plus absurdes, en imposent à la multitude; que des phrases qui ne rendent que des mots vuides de justesse & de sens, font époque dans la mémoire d'une foule de Lecteurs; que des Histoires totalement défigurées, sont citées comme les seuls faits qu'on doit croire & soutenir, & que tous les paradoxes possibles, revêtus des ornements d'une pompeuse poésie, servent de morale & de guide à tous ceux qui se vantent d'avoir l'esprit fort.

Souvent on a scrupule de lire un mauvais Livre; mais on prend plaisir à entendre le récit qu'on en fait, comme si nos oreilles n'étoient pas, aussi-bien que nos yeux, des canaux capables de faire passer jusqu'à notre cœur les semences du vice & de l'impiété.

Défions-nous de nos sens, ne leur permettons, ni de voir, ni d'entendre ce qui peut blesser les mœurs, & la Foi, & notre cœur se conservera tel qu'il doit être, c'est-à-dire, attaché à son Dieu comme au centre de tout bonheur & de toute vérité. Si jamais on nous offre quelque Roman, rejettons-le avec cette sainte indignation que le Christianisme doit nous inspirer dans cette circonstance. Ce sont ces malheureuses productions qui ont perverti tant d'ames, dont l'égarement nous fait gémir. Je sais qu'on ne s'engage souvent dans ces lectures que pour se désennuyer, & sans aucun mauvais dessein; mais ce qui sembloit ne devoir être qu'un simple passe-temps, & un remede contre l'ennui, devient un levain qui fermente & qui corrompt le cœur.

Les Livres ne sont point une chose indifférente, & on ne doit point les lire sans discernement. Il y a des personnes qui abusent des meilleurs, parce qu'elles prennent tout à contre-sens, & d'autres qui trouvent dans ceux qui sont mauvais, des prétextes de persévérer dans leurs égaremens.

Tous les saints Pasteurs furent toujours attentifs à préserver leur bercail des mauvaises lectures, comme d'une peste dont les ravages sont d'autant plus grands, qu'ils sont plus fréquents. Plusieurs même d'entre eux, mirent au nombre des cas réservés, la témérité de ces Chrétiens, qui, sans respect pour la Religion & pour les mœurs, lisent sans scrupule des Ouvrages dangereux. Si les mauvais discours nous corrompent, selon l'expression de l'Esprit-Saint, *corrumpunt mores colloquia prava*; les mauvaises lectures mettent le comble à ce malheur, & parce qu'elles gâtent le cœur, & parce qu'elles offusquent l'esprit.

Si notre esprit est uniquement créé pour connoître le Dieu qui nous a formés; si toutes les sciences, quelque sublimes qu'elles nous paroissent, ne nous éclairent jamais qu'en partie, lorsque nous les apprenons par ostentation, ou par curiosité; s'il reste toujours plus de ténèbres que de lumieres chez le Savant, qui n'étudie que pour se faire un vain nom; que sera-ce de ces mauvais Livres qui exhalent des vapeurs de mort & de corruption ? On ne sauroit croire jusqu'à quel point les sophismes d'un Auteur accrédité obscurcissent la raison. Ils lui présentent l'erreur pour la vérité, la mauvaise foi pour la probité, le vice pour la vertu, & il résulte d'une aussi horrible confusion, un parti décidé contre la révélation même, ou un pyrrhonisme qui fait trembler.

Quiconque commence par lire un mauvais Ouvrage, n'apperçoit pas jusqu'où cette séduction doit l'entraîner. Il ne veut d'abord qu'admirer le style, ou se mettre en état de juger d'une production qui passe entre les mains de tout le monde, & dont tout le Public parle comme de la nouvelle du jour; mais bientôt l'esprit acquiesce aux paradoxes de l'Auteur, secoue le joug de l'obéissance & de la foi, & veut s'élancer au-delà des bornes mêmes posées par le Tout-puissant.

Plût au Ciel que ce ne fussent ici que de fausses alarmes, ou de fausses conjectures; mais on n'ignore pas que le monde est maintenant rempli d'esprits indociles & révoltés, qui refusent de baisser leur tête altiere devant Dieu même, & qu'on se fait un honneur d'imiter la folie des stupides enfants de Noé, qui prétendoient escalader les cieux, & se mettre à l'abri des vengeances de l'Eternel.

On n'entend de toutes parts que des blasphêmes, qui sont le malheureux fruit de ces Livres enfantés dans le sein des ténebres, & répandus avec affectation; de ces Livres qu'on regarde comme d'agréables plaisanteries, & qui sont cause de la ruine de la plupart des Fideles.

Nous avons une malheureuse vanité qui nous fait rechercher, aux dépens de notre conscience & de notre salut, tout ce qui s'appelle jeu d'esprit, & nous applaudissons n conséquence à des sacrileges mê-

mês, pourvu qu'ils soient épigrammatiques & saillants. De-là cette ardeur à écrire & à lire ce qui outrage le Trône & l'Autel; cet empressement à acheter & à répandre tout ce qui porte l'empreinte de la révolte & de l'irréligion; ce dépérissement dans la Foi, qui ne laisse que le nom de Chrétien, & qui fait qu'on regarde aujourd'hui comme un idiot, quiconque croit à l'Eglise & se soumet à ses loix; enfin ces discours éternels contre la Religion & contre ses Ministres, qu'on ose traiter d'hypocrites & d'imposteurs.

Hélas! nous pouvons dire que la face de l'univers est totalement défigurée, que le Christianisme n'est plus reconnoissable, depuis que le torrent des mauvais Livres a inondé les Villes & les Cours. Ceux qui ne parloient de Dieu qu'en tremblant, osent maintenant le citer à leur tribunal, l'interroger sur ses voies, & lui contester jusqu'à l'essence même de ses perfections, &

il n'y a pas jusqu'à la jeunesse, quoique sans science & sans principes, qui ne s'abreuve des plus mauvaises maximes, parce que les Ouvrages ne respirent que blasphême & révolte.

Chacun veut lire, & chacun ne lit que des propos séditieux qui arment le préjugé contre la raison, & qui, sous prétexte de nous dégager de la superstition, nous jettent dans l'abyme de l'incrédulité. Qu'il seroit humiliant pour l'humanité, de rassembler sous un coup d'œil tous ces sophismes & tous ces écarts décorés du nom de Philosophie, & que des hommes malheureusement trop fameux, oserent avancer & soutenir contre les chefs-d'œuvre de l'esprit & la découverte de la vérité.

Ces immenses & magnifiques Bibliotheques, qui parent nos villes comme autant de trophées à la gloire de l'esprit humain, ne contiennent en partie que des paradoxes & des erreurs. L'Evangile lui seul renferme plus de merveilles & de vérités, que tous ces volumes dont le nombre & la grosseur vous étonne. Cependant l'homme aime de préférence les lectures contraires à ce Livre miraculeux & divin, parce que l'homme aime le mensonge & la corruption. Il semble qu'il ne voit rien à travers de la Foi, & que rien n'arrête sa vûe, lorsqu'il ose nier & douter.

Cependant nos idées ne s'offusquent, que lorsque nous allons chercher des objections dans les Livres de l'incrédule & de l'impie. Ces Ouvrages paroissent répandre quelques lueurs; mais semblables à ces éclairs qui annoncent un temps ténébreux, bientôt ils amenent des nuages qu'on ne peut plus dissiper. N'en soyons point surpris; la lecture s'incorpore, pour ainsi dire, avec l'ame, comme la nourriture avec le corps, & l'on n'apperçoit plus dans celui qui lit de mauvais Livres, que le poison qu'ils contiennent.

Et voilà pourquoi les incrédules semblent se copier les uns les autres; pourquoi les plus grands efforts ne sont pas capables de déraciner le germe d'impiété que les mauvaises lectures ont semé; pourquoi les préjugés qu'on a lus se fortifient avec l'âge, & vieillissent avec nous. Les paroles n'ont souvent l'effet que d'un son qui frappe l'oreille & qui passe; mais les lectures s'insinuent en nous, selon l'expression de S. Bernard, & font insensiblement partie de nous-mêmes.

Voyez ces impies qui s'élevent, avec une audacieuse & sacrilege témérité, contre ce que la terre & les cieux ont de plus vénérable & de plus sacré. Vous frémissez à leur aspect, tandis qu'ils sont dans la plus grande sécurité, parce que leur raison, entiérement obscurcie, ne leur permet plus d'appercevoir l'abyme ouvert sous leurs pieds. Ils ont adopté les horribles maximes de ces prétendus Philosophes, dont ils ont lu les écrits, & ces hommes sont devenus leurs oracles & leurs maîtres. Ils ne jurent que par eux, ils ne se reposent que sur eux, au point qu'ils osent dépouiller l'Eglise même de l'infaillibilité dont Jesus-Christ l'a revêtue, pour se l'approprier & pour se faire écouter, au préjudice de l'autorité de tous les Conciles & de tous les Saints.

Ce sont ces scandales & ces malheurs, qui engagerent l'Apôtre à faire brûler une multitude de Livres profanes, au milieu de tout un peuple, témoin de ce mémorable événement. On regarda toujours comme un mal sans remede, la circulation d'un Ouvrage antichrétien, qui, passant de main en main avec une rapidité surprenante, répand les ténebres par-tout où il s'arrête ; & les Magistrats de tous les lieux & de tous les pays, comme dépositaires des Loix & chargés de maintenir la Religion & le bon ordre, furent toujours attentifs à sévir contre tous écrit qui attaque la morale & les dogmes.

Les plaies de l'Egypte, dont Pharaon fut frappé au milieu même de sa Cour, ne sont qu'une foible idée des châtiments réservés aux Ecrivains impies & corrompus. La foi me les représente ici, & cette foi n'est point un effet de la crainte & de l'imagination; oui, la foi me les représente, environnés d'un feu vengeur qui les dévore sans les consumer, & qui augmente à proportion qu'on les loue ici-bas, & qu'on admire leurs infames productions.

Le Seigneur ne sera point semblable à l'homme, dit le Prophete; de sorte que tous ces applaudissements prodigués avec indécence à ces Auteurs impies, dont les phrases vous ont séduits, dont la réputation vous a éblouis, seront autant de pointes de fer armées contre eux au jour des vengeances, autant de charbons accumulés sur leurs têtes.

L'esprit de révolte est si naturel à

l'homme depuis son péché, que s'il n'a soin d'en arrêter les mouvements, il croit voir dans un mauvais Livre tout ce qui n'y est point. Son ivresse l'aveugle au point, qu'il regarde comme solide la futilité même, & que les paradoxes les plus absurdes, lui paroissent des arguments insolubles & péremptoires.

Ceci est peut-être une des plus fortes preuves de l'obscurcissement que les mauvais Livres causent à l'esprit. A peine les a-t-on lus, que le cœur se corrompt, & que ce cœur nouvellement corrompu, se hâte d'embrouiller l'esprit, pour pouvoir agir sans scrupule & sans peine. Les passions ont une maniere de raisonner ; & comme elles sentent qu'elles seront contredites & gênées, tant que l'esprit conservera les lumieres de la foi, elles se servent adroitement de l'écrit de quelque Auteur accrédité, pour étouffer toute étincelle de croyance & de Religion.

Le cœur ne commettroit le crime qu'avec réserve & qu'avec effroi, s'il avoit l'esprit soulevé contre lui, toutes les fois qu'il désire, ou qu'il aime des choses désordonnées ; mais que fait-il ? Il pousse du sein de sa corruption tant d'exhalaisons & de vapeurs, que ce même esprit qui devoit l'éclairer, est enfin aveuglé ; & alors il n'y a plus que confusion dans les idées, désordre dans les pensées, égarement dans la raison.

Je frémis, je vous l'avoue, quand je pense qu'une simple saillie, avancée par un Auteur à la mode, est capable d'éteindre la foi. Ce ne sont pas les raisonnements qu'on trouve dans les Livres des esprits forts, qui font apostasier en secret tant de Chrétiens, mais les ridicules qu'ils jettent sur nos plus saints mysteres. Le monde est si superficiel, si incapable, à raison des passions & des sens qui le dominent, de démêler la vérité de l'erreur, & de se tenir fortement attaché à des principes solides & lumineux, qu'il suit le torrent des opinions, & que l'Ecrivain le moins profond & le plus inconséquent, lui paroît un oracle. Sans cela ces Auteurs impies & téméraires, que vous regardez peut-être comme les premiers génies, n'auroient séduit personne, & leurs productions, qui n'ont pour base que l'audace & le blasphème, seroient restées dans les ténebres d'un éternel oubli.

Il résulte de ce discours, que le cœur est le premier coupable, toutes les fois que l'esprit se révolte contre Dieu & contre son Christ. Il n'y a point d'homme, en effet, qui, dans le calme des passions, osât méconnoître les témoignages de vérité dont la Religion est étayée; mais une malheureuse envie de tout apprendre & de tout savoir, est la cause de notre perte. Nous ne pensons pas que la concupiscence des yeux est un des plus grands crimes; que le péché n'est entré dans le monde, que parce que la malheureuse Eve fut curieuse de manger un fruit défendu ; que la femme de Loth ne fut changée en statue de sel, que pour avoir indiscrétement porté sa vue dans un endroit où il ne lui étoit pas permis de regarder ; qu'enfin on ne doit pas commencer par s'empoisonner, lorsqu'on veut se préserver du poison.

Vous qui ne savez pas lire, écoutez les instructions de vos Pasteurs avec docilité, écoutez les pieuses conversations des gens de bien, & bénissez Dieu de votre simplicité, & sur-tout dans un temps où le désir de savoir expose à bien des dangers. L'ignorance ne fit jamais des Saints ; mais la simplicité est le caractere du véritable Chrétien.

Vous qui n'avez lu jusqu'ici que de bons Livres, & qui n'avez employé vos connoissances qu'à vous fortifier de plus en plus dans l'amour de notre sainte Religion, rendez graces à Dieu, & continuez à

en matiere de Religion. 285

tenir une conduite aussi sage & aussi digne du Christianisme que vous professez; faites en sorte d'exprimer par vos mœurs ce que vous avez lu, & d'unir votre cœur à votre esprit, afin de pratiquer les grandes vérités que vous croyez.

Quant à vous, qui avez été malheureusement séduits par des lectures profanes & criminelles, ah! revenez sur vos pas, & faites continuellement des Actes de Foi, qui puissent anéantir cet esprit de révolte, qui n'est que le partage des enfants du démon. Humiliez vos têtes sous l'autorité d'un Dieu qui fait tout ce qu'il veut, & qui le fait de maniere à ne pouvoir être compris, parce qu'il est essentiellement incompréhensible, ainsi qu'infini.

Terminons ce discours, en nous adressant aux Incrédules, & aux Ecrivains prétendus Philosophes de ce siecle. Qu'ils entrent une fois bien sérieusement dans cette raisonnable disposition, de vouloir connoître la vérité, de la chercher & de la suivre; qu'ils voient, qu'ils examinent; & si, après tous ces soins, ils ne trouvent rien dans la Religion qui soit capable de les persuader, nous ne sommes pas maîtres de l'esprit humain, & nous les abandonnons à eux-mêmes. Mais ce qui nous afflige, c'est que nous sommes forcés de reconnoître, que parmi ce grand nombre d'Incrédules, qui déchirent les entrailles de l'Eglise, à peine s'en trouve-t-il quelqu'un chez qui l'erreur de l'esprit n'ait son principe dans un mauvais cœur. C'est le cœur qui est incrédule; c'est le cœur qu'il faut attaquer; c'est le cœur qu'il faudroit convaincre.

On doute; c'est parce que l'on veut douter; funeste disposition, dont les traits les plus vifs ne peuvent faire voir toute l'énormité! A quoi l'incrédulité est-elle bonne? Quel charme peut-on trouver, à

en matiere de Religion. 187

forcer son esprit de ne savoir, ni d'où il vient, ni ce qu'il doit devenir ? Si dans ce petit espace où notre vie est limitée, l'amour de l'indépendance fait goûter ce parti funeste, que ce parti coûte cher à l'extrêmité de la vie !

C'est ici où je voudrois que ma plume eût été trempée dans le fiel de la colere céleste, pour vous dépeindre l'état d'un homme qui expire dans ces cruelles incertitudes, & qui envisage, malgré lui, ces vérités de la Religion, qu'il a travaillé inutilement à déraciner de son cœur. Tout contribue à troubler son ame. Me voici dans un lit de mort ; me voici destitué de toute espérance de retourner au monde. Les Médecins m'abandonnent ; mes amis n'ont plus à m'offrir que des soupirs inutiles & des larmes impuissantes. Les remedes sont sans fruit, les consultations sont sans succès ; & non-seulement cette portion de biens de la terre que je possede, mais tout l'univers entier ne sauroit me tirer de cet état. Il faut mourir. Ce n'est plus un Prédicateur qui prêche : ce n'est plus un Livre qui parle ; c'est la mort elle-même. Déja je sens je ne sais quelle glace dans mon sang ; déja une sueur mortelle se répand sur la superficie de mon corps. Mes pieds, mes mains, tous mes membres décharnés, tiennent déja plus du cadavre que du corps animé, & du mort, que du vivant. Il faut mourir. Où vais-je ? Que dois-je devenir ? Si j'envisage mon corps, quel spectacle affreux ! Déja je me représente ces flambeaux lugubres, ces voiles sinistres, ces sons funebres, une demeure souterreine, un cadavre, des vers, la pourriture. Si j'envisage mon ame, j'ignore sa destinée : je me jette tête baissée dans une nuit éternelle. Mon incrédulité me dit que l'ame n'est qu'une portion de la plus subtile partie de la matiere ; que l'autre monde est une vision ; qu'une vie future est une chimere ;

chimere ; mais encore je sens je ne fais quoi qui trouble mon incrédulité. La pensée du néant, toute terrible qu'elle est, me paroîtroit supportable, si l'idée d'un paradis & d'un enfer ne se présentoit, malgré moi-même, à mon esprit. Mais je le vois ce paradis, ce séjour immortel de gloire, je le vois au-dessus de ma tête, je le vois comme un lieu dont mes crimes me ferment l'entrée. Je le vois cet enfer, dont je faisois mes railleries, je le vois ouvert sous mes pieds. J'entends ces hurlements horribles, que poussent les esprits malheureux ; & *la fumée qui monte du puits de l'abyme*, trouble déjà mon imagination, & offusque ma pensée.

Tel est l'incrédule dans un lit de mort. Ce ne sont pas là des traits d'imagination ; ce ne sont pas des images faites à plaisir, ce sont des tableaux pris d'après nature ; c'est ce que nous voyons tous les jours dans ces visites fatales, où notre mi nistere nous engage, où il semble que Dieu nous appelle, pour nous rendre les tristes témoins de sa colere & de sa vengeance. Voilà à quoi aboutit l'incrédulité ; voilà à quoi l'incrédulité est bonne. Voilà comment expirent la plupart de ces esprits forts, qui font gloire de s'affranchir des erreurs vulgaires. Encore une fois, quels charmes trouver-on dans un état qui a de si sinistres suites ? Et comment est-il possible que des hommes, des hommes raisonnables, se portent à cet excès de fureur ?

Terminons ces réflexions, en proposant aux Lecteurs le problême suivant. Nous continuons de parler ici, d'après Saurin, ce fameux Ministre Protestant, qu'on ne peut taxer d'esprit foible. Qui de ces deux hommes vous paroît le plus odieux ? Un homme est résolu de ne rien refuser à ses sens, de suivre sans retenue ses desirs, & de se procurer tous les plaisirs que l'on en matière de Religion.

peut goûter dans une vie mondaine. Une pensée l'agite ; c'est la pensée de la Religion. L'idée d'un bienfaiteur outragé, d'un Juge suprême mis en courroux, d'un salut éternel négligé, d'un enfer bravé ; cette idée empoisonne des plaisirs auxquels il est pourtant résolu de s'abandonner. Pour concilier ses desirs avec ses remords, il prend cette voie. Il déracine de son esprit la pensée de la Religion. Il devient Athée obstiné, pour devenir pécheur paisible, & il ne peche avec tranquillité, que lorsqu'il est parvenu à se flatter, ou à se convaincre que la Religion est une chimere. C'est le cas de ce premier homme. Voici celui du second.

Un homme est résolu de ne rien refuser à ses sens, de suivre sans retenue ses desirs, & de se procurer tous les plaisirs qu'on peut goûter dans une vie mondaine. La même pensée l'agite ; c'est la pensée de la Religion. L'idée d'un bienfaiteur outragé, d'un Juge suprême mis en courroux, d'un salut éternel négligé, d'un enfer bravé; cette idée empoisonne les plaisirs auxquels il est cependant résolu de s'abandonner. Il prend une autre voie, pour concilier ses desirs avec ses remords. C'est, non de se persuader qu'il n'y a point de bienfaiteur, mais de se rendre insensible à ses bienfaits; non de se flatter qu'il n'existe point de Juge suprême, mais d'en braver la majesté; non de croire que le salut est une chimere, mais de fermer le cœur à ses attraits; non de révoquer l'enfer en doute, mais d'en affronter les tourments. C'est le cas du second homme. La tâche que nous donnons à nos Lecteurs, c'est d'examiner, mais d'examiner mûrement lequel de ces hommes est le plus coupable.

FIN.

ADDITION

Pour la page 112, avant la derniere ligne.

JE terminerai cet article de la Théologie par une observation importante, & à laquelle on prie ceux qui l'étudient, de faire attention. Cette observation est de M. Nicole.

Il faut, dit-il, extrêmement éviter, dans les matieres de Théologie, un certain esprit qui n'est que trop commun parmi les gens de Lettres, qui consiste à ne s'attacher qu'aux doutes, & à faire peu d'attention aux preuves & aux fondements des dogmes. Je ne sais si ce défaut a été aussi ordinaire qu'il l'est à présent; mais il fait maintenant un étrange ravage dans une infinité d'esprits. Leur curiosité ne les porte qu'à s'appliquer aux difficultés. S'il y a un passage dans un Pere, qui semble combattre quelque point de la doctrine Catholique, ils le savent par cœur ; mais pour les preuves de ce point, ils n'ont aucun soin de s'en instruire, & leur inclination ne les porte point du tout à s'y appliquer. Ainsi on se remplit de difficultés, on s'y attache, on s'y affectionne peu à peu, & on affoiblit peu à peu sa foi, si on ne la perd pas tout-à-fait.

Pour éviter donc ce danger, il faut prendre une voie toute opposée, & beaucoup plus conforme à la raison, qui est de nous appliquer davantage aux preuves de ce que l'Eglise nous enseigne, qu'aux difficultés qu'on peut y trouver ; de favoriser ces preuves, de tâcher de s'en remplir, & de ne regarder au contraire ces difficultés que de fort loin, sans s'en entêter, de peur d'y intéresser son amour-propre. Je dis que cette voie est beaucoup plus raisonnable. Car la voie de Dieu, dans l'établissement de la Foi, est de faire croire aux hommes des choses difficiles à croire, en leur en donnant néanmoins les preuves certaines. Il n'ôte pas les difficultés, mais il les surmonte par les preuves, & ainsi ce sont les preuves qui doivent être notre principal objet.

Cette observation est certainement de pratique, & le ravage, dont se plaint ici M. Nicole, n'a fait qu'augmenter depuis quelques années. Ce malheureux siecle abonde en Livres contre la Religion; & on voit, avec peine, de jeunes Etudiants, en disputant, ou répondant aux Theses, montrer qu'ils ont plus lu ces Ecrits impies, que les Ouvrages des Peres, & ceux des bons Auteurs qui les réfutent; plus jaloux de faire valoir les objections & d'y ajouter même, que de bien établir les réponses & les preuves des vérités chrétiennes. Cette conduite altere l'esprit de la Foi dans les jeunes Théologiens.

APPROBATION.

J'AI lu par ordre de Mgr. le Chancelier, un manuscrit, qui a pour titre : *L'Art de se taire, principalement en matiere de Religion*. Cet Ouvrage, plus utile que jamais, est écrit avec beaucoup de méthode & de précision, & répond à la réputation qu'ont acquis à l'Auteur les différents Ouvrages qu'il a donnés au Public. Fait à Paris, le 6 Août 1770.

AUBRY, *Curé de S. Louis, en l'Isle.*

PRIVILEGE DU ROI.

LOUIS, par la grace de Dieu, Roi de France & de Navarre, à nos amés & féaux Conseillers les Gens tenant nos Cours de Parlement, Maître des Requêtes ordinaires de notre Hôtel, Grand-Conseil, Prévôt de Paris, Baillis, Sénéchaux, leurs Lieutenans Civils, & autres nos Justiciers qu'il appartiendra, SALUT. Notre amé le Sieur Abbé DINOUART, Nous a fait exposer qu'il désireroit faire imprimer & donner au Public un Ouvrage de sa composition, intitulé : *L'Art de se taire, principalement en matiere de Religion*; s'il Nous plaisoit lui accorder nos Lettres de Privilege pour ce nécessaires. A CES CAUSES, voulant favorablement traiter l'Exposant, Nous lui avons permis & permettons par ces Présentes, de faire imprimer ledit Ouvrage autant de fois que bon lui semblera, & le faire vendre & débiter par tout notre Royaume, pendant le temps de *six* années consécutives, à compter du jour de la date des Présentes. FAISONS défenses à tous Imprimeurs, Libraires, & autres personnes, de quelque qualité & condition qu'elles soient, d'en introduire d'impression étrangere dans aucun lieu de notre obéissance; comme aussi d'imprimer, ou faire imprimer, vendre, faire vendre, débiter, ni contrefaire ledit Ouvrage, ni d'en faire aucun extrait, sous quelque prétexte que ce puisse être, sans la permission expresse & par écrit dudit Exposant, ou de ceux qui auront droit de lui, à peine de confiscation des Exemplaires contrefaits, de trois mille livres d'amende contre chacun des contrevenans, dont un tiers à Nous, un tiers à l'Hôtel-Dieu de Paris, & l'autre tiers audit Exposant, ou à celui qui aura droit de lui, & de tous dépens, dommages & intérêts : A LA CHARGE que ces Présentes seront enregistrées tout au long sur le Registre de la Communauté des Imprimeurs & Libraires de Paris, dans trois mois de la date d'icelles ; que l'impression dudit Ouvrage sera faite dans notre Royaume, & non ailleurs, en bon papier & beaux caracteres, conformément aux Réglemens de la Librairie, & notamment à celui du 10 Avril 1725, à peine de déchéance du présent Privilege ; qu'avant que de l'exposer en vente, le Manuscrit qui aura servi de copie à l'impression dudit Ouvrage, sera remis dans le même état où l'Approbation y aura été donnée, és mains de notre très-cher & féal Chevalier, Chancelier, Garde des Sceaux de France, le sieur DE MAUPEOU ; qu'il en sera ensuite remis deux Exemplaires dans notre Bibliotheque publique, un dans celle de notre Château du Louvre, & un dans celle dudit sieur DE MAUPEOU ; le tout à peine de nullité des Présentes ; DU CONTENU desquelles VOUS MANDONS & enjoignons de faire jouir ledit Exposant & ses ayant-causes pleinement & paisiblement, sans souffrir qu'il leur soit fait aucun trouble ou empêchement. VOULONS que la copie des Présentes, qui sera imprimée tout au long, au commencement, ou à la fin dudit Ouvrage, soit tenue pour duement signifiée, & qu'aux copies collationnées par l'un de nos amés & féaux Conseillers, Secrétaires, foi soit ajoutée comme à l'original. COMMANDONS au premier notre Huissier ou Sergent, sur ce requis, de faire, pour l'exécution d'icelles, tous Actes requis & nécessaires, sans demander autre permission, & nonobstant clameur de Haro, Charte Normande, & Lettres à ce contraires. CAR tel est notre plaisir. DONNÉ à Paris, le trente-unieme jour du mois d'Août l'an de grace mil sept cent soixante-dix, & de notre Regne le cinquante-cinquieme. Par le Roi en son Conseil.

LE BEGUE.

Regiſtré ſur le Regiſtre XVIII de la Chambre Royale & Syndicale des Libraires & Imprimeurs de Paris, n° 1736, fol. 241, conformément au Réglement de 1723, qui fait défenſes, art. 41, à toutes perſonnes de quelque qualité & condition qu'elles ſoient, autres que les Libraires & Imprimeurs, de vendre, débiter, faire afficher aucuns Livres pour les vendre en leurs noms, ſoit qu'ils s'en diſent les Auteurs, ou autrement, & à la charge de fournir à la ſuſdite Chambre neuf exemplaires, preſcrits par l'art. 108 du même Réglement.

A Paris, ce 28 Septembre 1770.

J. HÉRISSANT, *Syndic.*

www.ingramcontent.com/pod-product-compliance
Lightning Source LLC
Chambersburg PA
CBHW071601170426
43196CB00033B/1511